UnRead
-
思想家

BRAIN O'CONNOR

A PHILOSOPHICAL ESSAY

闲散的哲学

?

［爱尔兰］布莱恩·奥康纳 著　王喆 赵铭 译

北京联合出版公司
Beijing United Publishing Co.,Ltd

IDLENESS

献给简和安娜

目录

CONTENTS

引言
哲学与闲散

道德价值观的本质问题主要在于哲学对人类行为的探析。人们总是不愿思考：我们究竟要成为怎样的人，才能在当今这个高度融合又高效的社会中扮演一方面于外界有用，另一方面又能让自己开心的角色？思考片刻，不难发现："适应环境"与"做好工作"让我们被塑造成某种特定又不太自然的人，有时我们甚至会觉得自己是自愿如此的。这类人性格中的关键成分就是"闲不下来"，或即便受到闲散的诱惑并屈从，也总是认为这样是不对的。哲学家也涉足其中，提出各种否定闲散的论断。对人性如何伟大的最新认知，刷新着传统上对闲散的道德谴责。而那些讲述什么是真正的自我、我们应成为什么样的人的高深文章，则解释了为何闲散不适合我们人类。本书研究的目的在于检验并最终揭示这些论述的武断与错误之处。

在后半部分我还将阐述：在某些方面，比起哲学中"自决意识"这一久负盛名的概念，闲散可能更接近自由，但本书主要着墨于哲学批判，而不是要倡导闲散的生活。这不是我只顾个人喜好抱着持否定态度的高姿态，或是坚持学院派的纯粹主义，而是不愿冒着低估某种矛盾心理分量的风险去规劝他人——对闲散的矛盾心理，在极大程度上构成了我们许多人的性格特征（这一观点将在本书中反复出现）。即便我们的生活像哲学所描绘的那样从生产推动力中解脱出来，这种矛盾心理也无法得到抚慰。

然而，不使用说教式的和有建设意义的论证方法，不代表本书将闲散视为一个严格意义上的理论问题。[1]
本书持批判态度的主要依据是：对这个排挤闲散的世界对人类造成的伤害保持警惕。那种由争夺较高社会地位而引起的强烈焦虑感，不仅有损健康，还会使人丧失幸福感。在社会空间里，如果人的价值感来源于可见的事业和物质的成功，那么这个社会空间就存在某种特殊的脆弱性。一旦获得事业成功的条件发生了变化（如早期可利用的资源逐渐减少，或曾经拥有的资源突然消失），那么羞耻感与痛苦就会如影随形。这样导致的结果便是自杀率上升、家庭破裂、后代受苦。一个更加稳定、不那么雄心勃勃的社会经济体系，也许会让我们从一些现代生活常见的痛苦中解脱出来。从这个意义上来说，闲散能够实现更广泛的自由。至于这种自由的终极状态则另当别论了。不过我们可以想象：只要做到了真正意义上的闲散，就能脱离无边的苦海。即便是对于那些尝试从工作制度与社会尊严的紧密关系中谋取最大利益的人来说，也免不了遭受种种痛苦。一旦我们把闲散与被赋予了足够重要性的制度相提并论，便会由渴望解脱于痛苦的直觉所指引，为闲散的魅力所倾倒。

"闲散的自由"这一概念具有现实的意义，而且应当受到保护，它认为工作并非一种美德或是获取价值的途径。这里所谓的保护，包括揭示许多哲学论点的缺陷。这些哲学论点支持主流的世界观——闲散很糟糕，相反，忙碌、独立自主、有用、效率才是我们人类应该抱持的核心态度。揭露出反对闲散的论点的武断性和问题，或许有助于维护闲散展现出的自由的理念，虽然它主要是一种反抗性的自由：从那些难以拒绝的、令人寝食难安的期待中解脱出来。那么，从某种程度上来说，本书的主要任务是要阻止那些反对闲散的哲学论点一家独大。另外，事实上，我们还会发现：哲学批评并不总是枯燥乏味的，因此本书与那些老掉牙的哲学批评截然不同。后者以一种系统且具有挑战性的方式阐述人们的忧虑：因为闲散，我们才会陷入浪费生命，没有充分发挥人生价值，或仅仅是没做出贡献的危险当中。有些读者可能不大同意我对"人类必须为远比闲散更为重要的目标而奋斗"这一观点的批评。其他人可能认为自己对闲散丝毫不怀有渴望之情——至少我经常听到此类说法——因此对支持闲散的论点不以为然。本书并不指望规劝这类人重新思考他们是否应对闲散怀有期望。

准确而言，我的批判方式不够折中。至于闲散是好是坏，我的态度非常明确，并且我对任何否定闲散的哲学论调大都深表怀疑。不过，我对那些反对闲散的文章的处理方式似乎也配合着那些文章作者的写作意图。也就是说，我会对这类文章中的论断一一做出反驳。我发现：这些论点鲜有能站得住脚的，原因我将在本书中阐明。我的批判也没有形成任何体系。我的许多反驳意见或许将为对工作、幸福与自由的不同理解打下基础，尽管就现在看来，书中的论点还不够前后一致。最后，本书并非纯粹对所选取的哲学家的观点进行分析，也会涉及富有激励性和逻辑内涵的内容。

*　　*　　*

闲散是一个复杂的现象，具有多重含义，有时不同的情境会导致根本性的差异。我想探索的闲散包含一种体验，这种体验能让我们超脱于现实社会规范与习俗之外。闲散不仅仅限于不工作（虽然不工作是其主要特征）。闲散让我们从一系列价值观中解脱出来，我们为了活得更好，依循着这些价值观将自己塑造成"理应成为"的样子。由此可见，做合适的"自己"这一概念本身就有待商榷。从本书所关注的角度来看，闲散这一现象的特征可大致分为以下几类：第一种，我们将其与众不同的特点称为**现象性特征**。闲散不需要任何目标的指引，是自然而然的行为。因为没有目标牵制，所以让人感到平静、愉悦。闲散是一种不受强迫的、飘逸的感觉。我们常常在任务做到一半，或者已工作很长一段时间时，就会与闲散不期而遇。我们个人的生活结构允许我们享受不同程度的闲散，这取决于我们对生活贡献了多少，以及我们对所做出贡献的重视程度。原则上说，我们可以设想一种闲散程度较高的生活——在这种生活中，闲散并不是指从工作中短暂逃离出来。本书对那些质疑这种生活存在可能性的言论特别感兴趣。哲学家们常常对暂时或间歇性的闲散状态听之任之，却将闲散的人生视为典型的堕落。

闲散的第二种特征是获得**有效的**满足。人们在闲散时做事不会拘泥于效率。闲散时，若突然冒出对当下或未来项目有价值的奇思妙想，那便是意外的收获。闲散行为的另一个独特之处在于其架构。闲散无须律己，无须自我调控，无须为了克服或改进自己的某些不足而进行心理斗争。因此，正如我们所见，现代许多对闲散颇有微词的人认为闲散阻碍了某种能够实现自我的宏伟理想。然而，闲散并非无知，和非闲散行为一样，闲散也含有认知元素和价值判断。当我们处于闲散状态时，即使最终结局或目标并不明确，我们也清楚自己在做什么。因此，闲散不应被解读为一种非理性行为。持这种观点的人无异于认为只有自我管控、遵从规则的行为才是理性的，这实在有失偏颇。恰恰相反，闲散可能会让我们瞥见另一种生活方式：对那些正过着闲散生活的人来说，这种生活方式完全合情合理。毕竟，闲散确实能使我们处于解放自我的状态，压力消失而且心情舒畅。从上述闲散的特征中可以明确看出闲散与那些所谓正确、正常的行为格格不入：不论成绩、工作、地位还是名望，闲散统统与它们无关。

　　闲散也有其他表现形式。造作的闲散，与以上讨论的闲散截然不同，某一社会阶层曾将其理论化并奉为艺术。造作的闲散是一种生活方式，人们小心翼翼地追求并经营着它。相比芸芸众生混沌地辛苦劳作，它超然其上，给人一种活得毫不费力的印象。这种故弄玄虚的生活方式几乎没有弱化传统的社会价值观，它所追求的仅仅是关注和崇拜罢了。通常来说，必要的社会不平等是造作的闲散产生的基础——有人辛勤劳作，有人却逍遥快活——这一点将其与那些对常规社会规范暗暗表达不满的闲散区分开来。

最要紧的是，我们必须将本书研究的"闲散"概念与"休闲"区分开来。闲散显然与休闲有着不少相似特征，但只要看看休闲在多大程度上融入了现代社会成员的日常生活便能看到其局限了。对于大多数喜爱休闲的人来说，它是一种工具，让我们暂时摆脱塑造生活的种种要求，歇歇脚，喘口气。但是休闲也暗含于这些要求之中，休闲使人恢复力量，从而继续埋头苦干。它可以让人从劳累中得到恢复、自由地思考下一项工作，抑或让人通过费心劳力地追求宝贵的新体验（例如文化旅游等）来提升自己。当今世界，休闲被视为一种解放，但在许多劳动体制下，休闲——如带薪休假——是强制性的。显然，不论对工作者还是老板来说，休闲都是有益的。在工作系统中，高效的社会成员普遍的工作模式从某种程度上来说都是靠休闲来维持的。相反，闲散则威胁并破坏这一模式对工作者提出的要求——如遵守纪律、目标明确等。由此可知，闲散无法像休闲一样适应于这种工作模式，因为对于那些使我们成为有用之人的要求而言，闲散并非暂歇的工具。威廉·莫里斯[1]曾对休闲在现代社会中过于普遍表示担忧，认为休闲不应"退化成闲散或漫无目的"[2]，这种担忧非常有代表性。正如许多其他社会理论家一样，莫里斯考虑的是如何在工作与休闲之间达到平衡。过度休闲就是闲散，这样的话，不仅无法平衡工作，而且会带来恶果。闲散无关效率，这点与懒散有明确的相通之处。不论出于批评还是同情，在某些情况下闲散和懒散就是同义词。贝尔托·布莱希特笔下的安娜一家[2]，还有库尔特·魏尔[3]的芭蕾舞

---

[1] 19世纪英国设计师、诗人、早期社会主义活动家。——编者注，下同 [原书注释在文中以数字（1、2、3……）标出]

[2] 见德国剧作家布莱希特的小说《大胆妈妈和她的孩子们》，讲述了一位在战争中为谋生不择手段的母亲。

[3] 20世纪美国德裔作曲家，曾与布莱希特共同创作芭蕾舞剧《七宗罪》。

剧《七宗罪》在演绎懒散的危害时，也重复了"闲散是万恶之源"的传统论调。人们普遍认为懒散是道德的沦丧，是一种明明知道应该做什么却选择放松的状态。从这个意义上来讲，应该将懒散与带有批判（或反叛）意味的闲散区分开。但实际上，二者之间并没有明确的界限，并且我们接下来对闲散的讨论，将常常提到"懒散"这一概念。

* * *

将闲散同道德联系在一起的历史已逾千年，其间诞生了一系列类似的概念，比如懒惰和**倦怠**，在本书中都有所涉及。不过，本书并不是一部系谱专著。本书会重点分析在大众所说的现代，闲散是以何种独特的方式进入哲学视野的。这个时代崇尚个人自由，提倡公民社会，高举民主旗帜，推崇理性思考。在这样的世界里卓有成效地活着，需要某些特殊技能。我们须通过各种方式践行其规范，还须培养让自己有用的技能。其中自制至关重要：我们勤奋工作，时刻做好准备接受更多挑战。不工作（闲散）并不容易实现，因为我们习得的自制会驱使我们去从事更多工作。这里说的自制，不仅仅限于工作领域。也就是说，自制不仅仅指把工作或兴趣安排得井井有条而任由生活的其他方面杂乱无章。在理想状态下，我们生活的方方面面都应该有条有理、有明确的目标，就像约翰·罗尔斯描绘的"理性的生活蓝图"那样，不论做什么都要抱诚守真。我们可以选择放松，甚至闲散，而一旦我们这么做时，内心都会踌躇无比，因为这些行为与我们这般社会成员应有的进取心是相悖的。哪怕仅仅是暂别常规的生活方式，也不能破坏生活的中心任务。

在有关闲散的**哲学**思考中，最举足轻重的观点产生于现代，这不足为奇。在如今这个时代，人类努力为世界营造理性的秩序，也直接带来了进步。这一秩序源于人类为自身规定的秩序。闲散显然对那种所谓的进步构成阻碍。当今时代——有些人喜欢将其贴上现代的标签——并非一座刻有自由、社会、人类发展等问题答案的丰碑。很显然，人们对这些概念仍然莫衷一是。只不过，每种关于人类合理行为的理论，都自认为能够让社会进步。它们都反对陈旧权威，希冀人类能不断完善自我。接下来，我们会看到这些关于自由、社会、个人的理念，在细枝末节上都对闲散提出了具体的反对意见。

*　*　*

用享乐主义来形容自甘闲散的生活再合适不过了。这种生活似乎悠然自得，对规划、自律、效用漠不关心，即便是那些赋予现代世界独一无二之驱动力的硬性价值也无法使其动摇。在**享乐主义哲学**的专业范畴里，闲散的概念会显得略为复杂。从原则上来讲，享乐主义的学术表达本应轻而易举地承认闲散带给人心满意足的愉悦感，而且是一种满足道德要求的偏好（鉴于快乐原则是享乐主义哲学的规范性来源）。但确认这些内容的哲学表述其实少之又少。好在大卫·休谟在《伊壁鸠鲁派》一文中全心全意地进行了相关论述。这部作品为我们口中的享乐的闲散与快乐辩护，认为它们是人类行为最真实、最积极的形态。在本书伊始，我们会通过研究休谟的文章，提出闲散的价值是否为享乐主义哲学所承认，并从中得出闲散的问题是否能进一步升华，同快乐的道德地位放在一起讨论。虽然《伊壁鸠鲁派》一文赞同享乐的闲散，但实际上不能反映休谟对事物的一般看法。他本人常常对懒散颇有微词。只是在此文中，休谟通过对一种独特的视角采取"拟人化"[3]的方式，思考了在可控的范围内过一种愉悦生活的可能性，而这一范围的界限则耐人寻味。文章反驳了只要遵循某些"理性原则"来生活，就会感受到一种独特的幸福感，从而发展成"一种新型的快乐"这种哲学论调。休谟反驳道，人类"本初的生理架构"并非为获得不自然的种种快乐而设计。相反，"悠闲、满足、平静"才是快乐之源。推崇有条不紊的生活的人将"警惕、忧虑、疲劳"这一令人生厌的生活模式强加于我们，与之相比，慵懒的生活方式则截然不同。文章还认为，"自负"让人们从奋斗中得到满足，即独立于"外界"，但这种独立无异于显露自己对快乐的抵制。休谟在文中自信地认为，"自然的指示"必定胜过仅以"无聊的"哲学理论为依据的虚伪生活。[4]

伊壁鸠鲁派所追求的似乎是日常生活中的欢愉。然而，我们不能忽视人们长久以来对享乐的质疑。众人皆言：纵情欢愉，终期于尽。从这个角度来说，该论点主要涉及两方面。首先，既然欢愉总有尽时，那么它就无法支撑起任何长久的生活方式。因此它必须在我们其他有价值的活动中寻找安身之处。其次，既然快乐如此珍贵，必然不可滥用，而应细水长流。实际上，休谟在随笔中对这两点都有论及。他在文中含蓄地将"美德"称为欢愉的"姊妹"，认为欢愉应受到美德的约束。在美德的监督下，欢愉会拥有"玫瑰的色泽，水果的芬芳"。休谟谨慎地提出：只有将二者结合起来，"心灵"才能"与肉体步调一致"。一旦我们的欢愉受到美德的约束，便会拥有智慧去抵制"酒神巴克斯式原始的失衡"，看清以消耗快乐为代价追求浮华的荒唐。[5]

伊壁鸠鲁派努力从哲学中寻找快乐的合理性，并欲为其搭建起道德的框架。鉴于此，他们的立场或许并没有看起来那么具有颠覆性。为了调和快乐与美德的关系，他们含蓄地反对"漠视外界对我们的期望实有裨益"这一说法，而推崇一种不会招致外界反感的安闲生活，也就是在某种程度上与美德相应的闲散，摈弃将世人认同的行为斥为败德的说法。虽然美德的原则并不明朗，但显然美德自身具有一种权威的规范性。美德提倡的行为不会屈从于欢愉，且必包含一种审慎的功能，确保快乐不会被消耗殆尽。从上述论述中，我们了解到伊壁鸠鲁派给人类及其需求范围所划出的界限。而这些需求中，似乎存在一种道德规范。无论是哪种形式的享乐，只要超越了道德允许的范围，就不值得提倡。哲学享乐主义范围相当广泛，伊壁鸠鲁派引出许多关于其逻辑一致性的问题。其中最突出的是：既然享乐不能过度，且还要受到美德的约束，那么为何还需要为其定下规范呢？另一个更切中要害的问题是：伊壁鸠鲁派所定义的具有享乐意味的闲散，是否表达了我们目前所讨论的闲散的真正内涵？休谟的文章没有从自由的角度看待闲散，而是把闲散当作一种需要得到道德允许的快乐，并非应对繁忙世界或自我提高需求的合理方式。休谟带着他特有的本质主义论点，在文章中指出那些使闲散着实诱人却又遥不可及的社会条件并不能塑造个体。[6] 相应地，闲散即自由是无稽之谈。当然，自由是一种快乐，但这种快乐是带有其历史内涵的。

*　　*　　*

有一项对摈弃融入社会及理智享乐之闲散的辩护，同哲学享乐主义形成了鲜明对比。这项辩护之所以重要，还在于它反对初期现代社会的种种要求。弗里德里希·施莱格尔[1]在哲学小说《路清德》（1799）中借"尤利乌斯"之口向我们展示了一派"闲散的田园风光"，他反对将闲散称作闲暇（需用美德争取，同时受其约束之"休闲"）。闲散只应为自己服务，它是一门"神圣的慵懒艺术"，是"自由的无虑无为"。尤利乌斯将一般的闲散形容为"被动态"，即"纯植物态"，而伊曼努尔·康德也提过类似的说法，我稍后再讲。施莱格尔将闲散之人与"自负"之人的人生态度进行了比对，他发现后者囿于"勤勉与有用"（施莱格尔戏称其为"催命鬼"）。神话中的普罗米修斯被称为"教育与启蒙的创造者"，同时也是理性生活规划的提出者："人类自他（普罗米修斯）而起，便停不下来了，你必须不断前进。也正是由于这个缘故，当你实在闲着没事做时，**你便不由得愚蠢地觉得自己应该要有点个性**

---

[1] 18世纪末德国作家、语言学家、文艺理论家，德国浪漫主义文学奠基人之一。他的长篇小说《路清德》对当时的婚姻制度进行了批评，主张妇女解放和恋爱自由，把闲散无为的艺术视为特权阶级的理想和特权。

才对……" 尤利乌斯似乎以一种激进的、带有社会批判性质的方式提出了闲散的概念：（1）闲散藐视勤勉、功利、手段、目的；（2）应将快乐理解为被动态，而非不停歇的活动；（3）闲散指引人们远离近代哲学所谓的自我建构（健全自身道德体系的任务）。尤利乌斯针对他口中"日耳曼式野蛮"所提出的批评，对闲散作为现代社会人批判的理论化大有裨益。[7]

施莱格尔语出惊人，他提出的"植物态"隐喻令人困惑，可以有多重解读。若它是用来描述人们闲散时的精神状态，那么显然这个词用过头了；若用它来形容我们想象中的"神圣艺术"，却风马牛不相及。然而，从批判自律与目的的概念角度来看，这个词用得掷地有声，它非常清楚自己的哲学目标：康德的道德伦理。并且它与卢梭的观点不同，卢梭是支持闲散的，他的观点广为人知，却没那么激进。卢梭针对社会自由所提出的理念颇具影响力（有时被誉为开"自治"之先河），同那些意欲以貌似自然之姿逃避目标、规避观点以达到更为真实之自由的想法大相径庭。

卢梭对自由的描述扎根于他那不受拘束的思考。尽管不要求人们完全摒弃自决，但毫不顾忌世间言论。当然，它并不等同于施莱格尔倡导的自我牺牲。至少对卢梭来说，只要我们可以在乡间隐居生活，那么某种特定的闲散就是可能实现的。卢梭在《忏悔录》中说道："我所喜爱的闲逸并不是游手好闲者的那种闲散，抱着双臂在那边一事不做，就连脑子也不动一下。而我所喜爱的闲逸是像孩子那样，不停地动来动去，却什么事也不干，抑或像年迈的遐想者，任凭思绪翩跹，却并不动手。我喜欢忙些不要紧的事，做做这个做做那个，却一件也不做完……一切看心情。"[8] 正如学者大卫·詹姆斯所说，卢梭创造了一种理念：自由包含"被动地遵从一系列想法"，而非常见的"保持进取心"，全力以赴地"自我引导"。[9] 不过卢梭更出名的理论是在适当类型的社会结构（通过社会契约保障的社会团体）中寻求自由。不过至少在此，我们探究的是与其他理论无关的自由。要获得这种自由，就要不顾社会严厉而期待的目光，真的逃离城市了。卢梭在《爱弥儿》中把城市称作"人类的深渊"。[10]

　　施莱格尔则胆子更大些，他并不提倡回归田园，而是提出要勇敢地去消灭一切为我们勾画人生的动力。这些动力可以被理解为对抗屈服于环境的原始冲动："被动"——这个概念在西格蒙德·弗洛伊德的心理学中有着截然不同的含义。弗洛伊德提出了晦涩难懂的"死亡本能"这一概念，想要理解它，就得分析自我对整个机体的要求变得不可承受的情况。这激起人们对无经验生活的向往，更确切地说，远离现实给我们带来的压力。不断从自我的束缚中解脱出来，就会达到无压力的状态——自我的死亡。"死亡欲的首要目的与核心宗旨，就是以这般那般的形式，获得这般那般的平静。"[11]

　　在《受虐狂的经济问题》一文中，弗洛伊德确认了三种主要动机原则——涅槃原则、快乐原则、现实原则——每个原则各有其独特意义:"涅槃原则代表死的本能,快乐原则反映了对力比多[1]的需求,而对现实原则的修正又反映了外部世界的影响。"12 快乐和死亡都指向一种无压力的状态,而现实原则迫使机体痛苦地阻止这种状态。把死亡般的无压力状态作为闲散的参照点,这个想法似乎有些牵强附会。而且弗洛伊德对无压力状态的关注,并非源于对闲散的理解,而是将其认定为特殊的病理状态。尽管施莱格尔的语言引人入胜,弗洛伊德的洞察敏锐机智,本书依然不会在这一点上着墨过多。不过很明显的是,当我们把那些不会或是不想使自己有用、有事可做的人与不为人熟知的,甚至是非人类的存在状态相比较时,其中有些可以拿来回应针对闲散者的最激烈的批评。换句话说,批评者眼中闲散的缺陷,反而是其赞同者强调的优点,即破坏现代生活的关键性特征——如投身工作、勤勤

---

[1] 弗洛伊德精神分析学重要概念,精神分析学认为,力比多是一种本能,是一种力量,是人的心理现象发生的驱动力。

恳恳、善于规划、自我实现，以及强烈的自我意识。批评者认为那些闲散的人处境堪忧，他们缺乏将自我提升到更高境界的积极性。然而，只有不主动，才能达到无忧无虑的闲散状态：内心毫无压力，也不会自我疏离，此外，还无须被迫塑造自己的"人格"。

令人不安的是，人类社会的几次大规模复兴冲击到了闲散的生活。备受尊崇的"成功"观念看似和闲散毫无干系，实则必定会与闲散为敌。这一理念有诸多形式。立足于雅典哲学的玛莎·纳斯鲍姆[1]，将这种理念解释为一种和谐的美德、高贵的人格，以及争权夺利的自由。[13] 这一解读很有影响力。没那么热衷古典哲学的人，会把这一理念理解成自由的实践，即人们通过充实自己并使自己快乐的方式实现抱负。关于成功的具体形式并无定论。至于妨碍成功实现的条件，人们的意见却如出一辙。这些负面条件包括：政治压

---

[1] 美国政治学家、道德哲学家，著有《善的脆弱性》《培养人性》《诗性正义》。

迫、经济不平等、阶级结构固化、教育受限、温饱难以解决等。若我们认为即便有消极条件挡路，成功也指日可待，那我们也不必把闲散当作成功的绊脚石。闲散的生活方式摆脱了社会压力，也因此缩小了社会化本身的影响范围。这也可以被理解成成功的一种表达形式。甚至可以说，只要无所事事的闲散者心甘情愿地过着自我满足的独特生活，那么他也算取得了成功。如果说算不上成功，那就是与实现抱负的努力如影随形的痛苦。在这个世界上，不论怎样的成功、胜利，都无法逃脱担心失败的阴影。

*　　*　　*

本书主要（但不限于）研究德国唯心主义及其后时代的文献，但研究的目的和学术或历史评论无关。本书选材会遵循一个比较重要的原则：所选的每位哲学家对闲散持有的理念，在我们日常谈话中就算不能说普遍存在，至少有所蕴含。毫无疑问，在关于闲散及其危害性上，与那些老生常谈相比，这些理念更胜一筹、更有理有据。通过仔细研究这些理念，我们希望寻找一些赞同闲散的理由，以便在闲散开始吸引人们眼球时，能够立即拿出来展示。

第一章并不是从德国古典哲学谈起的，甚至不会谈及哲学，而是先讨论罗伯特·伯顿[1]对闲散的分析。由他谈起，从而建立前现代时期批评闲散的理论体系。在接下来的章节里，我们会谈到从伯顿的作品中总结出的批评模式，这有助于理解康德后来致力于维护人的有用性及理性自主意识。康德的论点理论性稍强，不过其与一项社会共识不谋而合，即有价值的生命必定是自我精进、勤勤恳恳的。实际上，康德将有用性和理性自主意识的特质与"价值"联系起来，而"价值"则是我们有义务去实现的一种内在品质。他谈道，价值的实现并不总是快快乐乐的，也并不总是遵从我们内心对闲散的自然渴望。价值是人类不得不承担的

[1] 17世纪英国牧师、学者，以博学著称，代表作是《忧郁的解剖》。

生命之重，这就是人类生存的法则。

　　第二章我会讨论 G. W. F. 黑格尔。黑格尔对那些实现自身价值的人一视同仁。只要人类能超越野蛮状态（在他眼中整天闲逛的人就是野蛮的），那么我们需要珍惜的东西就不会失去。他夸赞使自己有用的人享有发展优势——即便对那些人来说并无明显益处——这样的人能为现代经济的所有"需求系统"贡献力量。我们将认识到，这个有关发展的故事有一点最引人注目，即黑格尔把一个奴隶后天形成的或者说由"教化而得的"意识，等同于想通过工作而对社会有用的自主愿望。黑格尔的理论与他心目中不可抗拒的社会动态变化有关。相比而言，卡尔·马克思则主要站在道德的角度谴责闲散（不愿工作）。闲散的人拒绝做别人强迫自己做的事，代表着逃离社会，沦为自私之人。这没有考虑到一种情况：重返人类原始的孤僻性格固然受人质疑，但在不触发这种性格的前提下，闲散（他眼中的懒惰）也是可能实现的。

第三章分析把厌倦感当作闲散之苦果的现象。基于这种对闲散的理解，我们并未找到相关凸显闲散的重要性、积极解释闲散的作品。持这种观点的哲学家以亚瑟·叔本华为代表。他认为我们没有能力追求令人满足的闲散。我们毕生的使命就是远离闲散。我们努力工作、投身于形形色色的活动当中，就是为了远离闲散带来的厌倦感。叔本华的杰出哲学先辈们支持一种理想化的忙碌状态，他的这一论点将他与这些人区分开来。然而，从一个很重要的方面来讲，叔本华的论点还停留在日常层面，因为他没有考虑到人类的辗转不安的状态（所谓无法追求闲散）可能是社会分工的产物——是社会指挥着我们成为那样的。叔本华将人类未必始终如一的本性解读为一成不变的、与历史毫无关联的。有关与闲散如影随形的厌倦感，我们将通过审视西蒙娜·德·波伏娃提出的"闲散女人"形象进一步进行探讨。她的理论大胆地勾勒出那些不为实现自身真正需要之人无聊的危险。

第四章将探讨一种乌托邦式的努力，致力于调和必须工作的严峻性和闲散拥有的独特自由之间的关系。这种调解似乎允诺把人类从普罗米修斯的桎梏中解放出来。它向我们展示了这样一种景象：实际上，工作也可能属于幸福的领域，它既不是约束，也并非附属于一个使人疏离的体系。我们要探讨的是 F. 席勒和 H. 马尔库塞提出的相关理论，两人都认为"玩乐"便是这种调解的一个形式。想要清晰地表达两个完全对立事物之间看似新的调和关系，显然存在许多困难。我们会好好讨论这一点。本书第五章将以评析"闲散即自由"的观念来作结。我们会拿闲散与自主来做对比，自主作为自由的概念之一，一直被哲学家用来定义自由。

第一章
我们值得拥有自由

环境迫使大多数人对生活严阵以待。我们必须埋头苦干才能获得那些自认为的必需品,才能保护至关重要之物。在充满迫切需求的环境中,闲散是一种梦幻般的奢求。然而,我们的工作不仅仅局限于满足基本的生活保障。人们对"什么是体面生活"的普遍看法,对其所做的工作起到了激励、塑造、正当化的作用。这些看法令人难以抗拒。一切形式的劳动,都是以赢得"只有他人才能给予的东西"为名而进行的:比如得到社会地位、获得名望声誉等。没能取得这些

"商品"的人则处于相对劣势的地位。这类消耗生命的努力，已经经过精密的编排，被当成通过扮演"社会角色"而获得"身份地位"的通途。也就是说，唯有通过这个途径，才能成为一个为大家所认可的、于社会有用的人。

眼下，人们在追求自己心仪的美好生活时，若能"兼容"不同方式来尝试确立自己的身份，那便是一种美德。每种对美好生活的解读，都有其独特的成就定义系统。然而一旦跳出这个系统，那些所谓的成就看起来可能就微不足道了。财富、荣誉、修养、仪容等，追求者对其视若珍宝，但在他人眼中则虚华空洞。我们不时会担心别人的冷言冷语一语成谶。西方文学中对自命不凡、笨拙地攀附上流社会之人的冷嘲热讽俯拾即是。我们边读边忍俊不禁，然而其中一位文字最犀利的作家曾写过一句令人不安的话："讽刺如明镜，照镜之人见人见己。"（乔纳森·斯威夫特《书的战争》）可能只有那些不在意功名利禄的人，才不会遭到嘲讽挪揄。若人间确实荒诞，原因可能并不在于个人期待与冷漠世界的错位，而在于我们的生活沦为了他人的笑柄。

然而，无论如何，有一点鲜有人怀疑：笼罩在人类生活之上的社会压力使人如鲠在喉。即便不时会担心自己所追求的东西其实毫无价值，人们依然不会停下追寻的脚步。尽管事实再明白不过，但依然会有哲学家告诫我们说，对待自己还不够认真。他们批判各种形式的罪恶——通常指兼具闲散和胆怯的行为，指责其让我们分心，从而偏离正常的生活轨道；认为用那些前所未有的极端的方式驾驭自己才是对的。这类哲学家十分专断，容不得我们反驳，哪怕我们提出的异议再委婉、再有理都不行。

让-保罗·萨特曾在巴黎做过一次非常著名的演讲，题为《存在主义是一种人道主义》。在当时的欧洲，噩梦般的战争才刚结束 6 个月。他有力地反复谴责台下听众（抑或是全世界）的罪过——是他们自己

（而非外界）浪费（也因此误用）了自由。人们任凭他人（政党、教会、习俗等）来决定自己的价值，甘愿让他人指引自己去向何方。选择既定的道路挺容易，但实践起来还是会束手束脚。人们必须认识到，自己所做的选择（哪怕不是自己直接选的），常常需要由自己对其负责；而选择这种或那种方式，从本质上来说都不容易。没有一种独立存在于人类行为之外的规范或体系。我们的每一个选择都缔造出一种道德原则。因此，我们不得不焦头烂额地处理每种情况，不确定我们想做的事是不是"更好的"——有益于全人类。思考如何达成"更好"非常关键，因为我们的每个选择都会产生某种价值，这种价值会对他人产生影响，因而从原则上来讲，我们所创造的价值应对所有人都有益："在模铸自己的同时模铸了全人类。"[1]

　　萨特是否像人们所认为的那样，试图重建几乎坍塌的欧洲传统道德？或许他本人是这么想的。然而，本章会提到一件有趣的事，即萨特的核心思想早在至少 150 年前就在迥异的历史背景之下出现了。总体而言，当时出现了一篇讨论启蒙运动的文章，文章一以贯之地支撑着一个伟大的理念——若我们想举止得体，那么必须构筑并完善自己，使自己成为自觉的道德存在。21 世纪，远离战争的哲学界也曾持有相同的观念，但不是出于对西方世界岌岌可危的价值观的考虑。克里斯汀·科尔斯戈德[1]——她的观点将在本书结尾再次谈到——认为，唯有病态心理才会妨碍我们做于自己有益之事："胆怯、闲散、沮丧会接二连三袭来"，阻止我们完成自己必须完成之事。[2]

　　萨特和科尔斯戈德等哲学家的思维方式，源于一种信念，我们可称之为价值信念（worthiness myth）。它的内容振奋人心，讲述我们该怎样做才能克服人类与生俱来的倾向：付出的努力越多，成果就越显著、越有价值。与其他观念相比，该信念更多地被一些哲学家用来

---

[1]　哈佛大学哲学教授，主要研究道德哲学。

剥夺闲散的价值。这些哲学家认为：人类怎能如此不负责任地逃避为提升自己而应付出的痛苦努力，转而选择游手好闲呢？这个问题不仅仅是谴责懒散或懒惰那么简单。问题建立在一个相对比较新的概念之上：人类有责任慎重选择自我实现的行为从而实现自我。

　　价值信念源于康德，他用近乎苛刻的方式表达启蒙主义对他所处时代的期望。在他之前的关于我们应该如何生活的理论，虽也提及不认真生活会导致的后果（后者对本研究来说更加关键），却从未有过类似表达。罗伯特·伯顿的长篇巨著《忧郁的解剖》成书于17世纪初，与康德的概念形成了鲜明对比。分析这本书有助于我们理解后者的新奇之处。此书毫不留情地鞭挞闲散，不过并非基于闲散阻碍人们追求价值。伯顿的担忧与闲散带来的后果有关，并由以下观点支撑：人类闲散时总是容易堕落。我希望只要我们仔细分析伯顿的书，就能擦亮双眼，看出启蒙主义对闲散的批判的特别之处。

闲散的解剖

一

伯顿在总结《忧郁的解剖》这部长篇巨著时，对那些期望摆脱忧郁折磨的人提出以下建议："忌孤忌闲。"[3] 在作品前半部分，伯顿就明确指出：就这两大因素而言，"闲散是忧郁的最大成因"[4]。有时，闲散和孤独被视为同根同源：二者相互依存。亦有时，二者不必兼备，单单具备其中一项便能导致忧郁。实际上，此书大量内容都在梳理闲散与忧郁关系的实质。伯顿对闲散的评述，很难称得上条理分明、体系完备，甚至思维路线都不够连贯。不过，该书无疑是全面审视闲散的一次尝试。在该书提出的一系列论点中，有两点能让我们窥得反对闲散的诸多信念是如何演变的：首先，侧重于伯顿眼中闲散的破坏性后果，详见（1）；其次，侧重于伯顿眼中贵族阶级专属的闲散，详见（2）。第一点为我们提供了一个有利的视角，便于对比思考启蒙主义对于闲散毫无价值的本质特征提出了哪些批判。而伯顿通过对贵族阶级的闲散的批评，得出了应积极主动，避免游手好闲的结论。这种恶习并不等于缺乏效率，而是缺少目标指引的努力。实际上，伯顿提出了许多支持效率的论据，但他不认为缺乏效率就等于闲散。

（1）伯顿单独分析了身体的闲散与思想的闲散。他认为，虽然身体的闲散会造成恼人的消化不良，其影响不仅限于身体。他写道，身体的闲散是"顽劣之乳娘，纪律之后母，怂恿使坏之主使，七宗罪之一，各种痼疾之病根，恶魔之温床"[5]。伯顿依循传统的道德说教，认为闲散是滋生罪恶的温床。即便是"闲散确实**滋生**顽劣"这种令人费解的观念，在与伯顿同时代或在其之前的、道德信仰受基督教传统影响的哲学家之间也很流行。[6]这一判断源于人类容易堕落的观念。人们无须任何努力就会陷入那种邪恶状态。闲散明显无法抵制这种倾向。

然而，基于这一深入人心的观念，伯顿又提出了更加激进的理论，即闲散还会带来破坏性的精神障碍。
他写道：

（闲散之人的头脑）被忧虑、悲伤、惊恐、不满、
猜忌所压制和困扰。折磨人的心灵，啃噬人的肚肠，
使之难得片刻安宁。因此我敢说，只要一个人是闲散
的，不管其境遇如何，哪怕家缠万贯、呼朋唤友、幸
福美满、无所不有、称心如意，只要他闲散，不论肉
体还是心灵都将永不得满足与安宁，将有无尽之疲惫、
痛苦、烦恼、怨气、眼泪、叹息、悲伤、猜忌将如影
随形，无法处世，生不如死，或者便沉溺于某种愚蠢
之幻梦。[7]

似乎心灵有办法将快乐从那些倾向于陷入沉思的
人身边带走。这种人不受烦恼的干扰，也不会最终走
向自我延续的否定。这种潜在的自毁的能力让我们明
白，在伯顿等人眼中，孤独是如何使人陷入忧郁的。

与世隔绝之人更容易专注于寂寞和不安的思绪。然而，值得注意的是，我们在接下来分析康德时会发现，与伯顿对闲散的担忧大相径庭的是，启蒙主义哲学认为闲散就是一种太过安逸的生活方式，它威胁的不是我们的生理存在或幸福，而是更高层次的自我。

（2）在伯顿对闲散的论述中，反复出现了以下主题：闲散是贵族阶级特享的奢侈品。实际上，他视身体的闲散为"贵族的徽章"[8]，但与此同时，他并不认为贵族阶级是懒散的，即身体上不活跃的。后者的闲散似乎在于他们有不工作的自由。反而，他们能把时间花在实现计划好的消遣上。他们投身于"游戏、娱乐、消遣"，尽管耗费体力，但也可以称为闲散。这些活动并不服务于某一"职业"，因此不同于人们更愿接受的那种劳动。不指向特定职业，消遣就失去了意义，也因此被视为闲散。这一对职业劳动和消遣的区分，逻辑上很牵强。伯顿规定，指向职业的劳动，意味着付出"痛苦"的代价以追求有意义的目标。[9]但这不能真正将其与已娴熟掌握却不加约束的快乐区分开来，也就是"养鹰、打猎之类的娱乐消遣"。伯顿仅把消遣的快乐从那种"真诚的劳动"中剔除，这并无新奇之处。[10]

更重要的是，真诚的劳动实际上并不等于高效。伯顿给出了诸多建议，他认为高强度的学习可以"驱除闲散、排解忧郁"。显然，这一说法学究气十足。伯顿引用了塞涅卡《书信集》第 82 封里的名句并深以为然："闲而不读书，同置身泥犁、惨遭活埋何异。"[11]不过他似乎并不支持塞涅卡在《论闲暇》中提出的观点，即勤于沉思、悠然回避公民生活可使国家进步。在那篇文章中，塞涅卡设想中的理想国家，不可还原为现世的国家架构。他谈论的是一种理想化的政治角色，只要我们能进行哲学思考，也能扮演这一角色。当我们不必再为满足日常政治需求而牺牲原则时，我们也可以成为理论家。塞涅卡写道："这个伟大的共和国，我们可以闲散地为其服务，更要紧的是美德的沉思……"正因如此，他反对别人说他赞同沉思的指控："当美德失去了闲散，它就变得不再完美、死气沉沉，也无法为大众带来益处。"[12]规避日常生活的要求，转向闲散地沉思，其实对政治参与者来说终归是有益的。塞涅卡表示，若无法提醒我们认识自己的生活方式，那么这样的沉思是"毫无生气"的。这一点对伯顿来说可能有用处。它原本可以给伯顿提供一个明确手段来区分沉迷于学习与深陷闲散。在塞涅卡的文章中，沉迷于学习之所以是一种"职业"，在于其能使我们达到更好的状态。而伯顿虽偏向勤奋好学，却没有拿出确切的原则，将其与一致的闲散区分开来。

与塞涅卡的建议相对，伯顿的主要观点是，我们需用学习来填补心灵的空白，且为了使其遵规守纪，让它承担艰巨的任务。似乎那些任务真的能使我们接近神性，但其主要目的却是保护我们免受忧郁侵袭。伯顿提醒道，"过度学习"也可能带来毁灭性后果。学习若是过了头就会沦为一种孤独，从而导致忧郁。伯顿认为，女人必须以不同方式保护自己不受忧郁侵扰，她们"不用辛勤学习，而应擅长缝纫、剪裁，会纺纱，会打梭结花边。她们应能做出许多别出心裁的精美小玩意儿来装饰房间、坐垫、地毯、炉子……还要会做蜜饯、果酱、点心等来招待客人……"从伯顿有关非闲散职业的理念中，我们可以得出的最后一点结论是：从经济角度来看，学习和装饰艺术都不是富有成效的。二者的成效局限于学究派思维或家庭的藩篱，社会整体并没有受益，至少伯顿是这么认为的。这些活动的主要价值在于消耗人的精力。干活能让人的心沉静下来，把注意力从自我毁灭的思绪中转移出去，由闲散引起的忧郁与伤害便得到控制。然而，伯顿将最后这个观点引向了极端。他一度建议——似乎不那么带有讽刺意味——给闲散者们强派任务或许对他们更有益。他举了犹太人的例子。犹太人很少受到埃及人的管束，所以他们才能悠闲地思考如何谋反。伯顿表示，法老们给奴隶的活儿堆积如山，所以治愈了他们的闲散，浇灭了他们头脑中煽动他们要求解放的不满情绪。[13]

从伯顿对闲散的认识中，我们可以提取一些支撑观点，这些观点和人类有关，带有含蓄（从哲学上说有些过时）的意味。人类似乎受两种力量支配：一是自我毁灭的原始倾向，二是阻止这一倾向之倾向。从这一角度考虑，闲散之人能很好地让潜藏于心中的自毁倾向生根发芽。这一过程被认为与原罪学说相一致，用伯顿的话来说便是："全人类的堕落。"[14] 闲散代表屈从于原罪。实际上，这点与加尔文[1]早前主张的观点相呼应，他认为有美德的生活应严守纪律，纪律缺失就等于坠入道德衰败的深渊。加尔文写道："这就像桀骜不驯的马，若把它们晾在马槽边无所事事，过不了几天就会变得难以驾驭，再也认不出主人，而从前这些马是很听主人话的。"[15] 对伯顿来说，追求美德也是击

---

[1]　16世纪法国宗教改革家。

败闲散的武器。在这里，美德不是指积极地实现更高境界的自我——通过参与种种活动树立自身价值。它与英雄主义关系不大，仅仅表示培养一种能抵制罪恶的性格。美德还意味着致力于某些符合某种"职业"标准的任务。它并非基于特别积极向上的人生观。这没什么好大惊小怪的，因为它认为人类皆有原罪，挣扎生存于不可赎之堕落和反堕落的激烈斗争之间。我们将看到一个关于人类如何塑造自我的较为积极的观点，它将闲散是罪恶（如伯顿所说）这一提法中的一些元素重塑。

康德所谓的价值

—

康德没有全面地论述闲散，不过在他的著作中，他确实对人类应该变成怎样做了许多重要且积极的描述。虽然他强调为达到积极美德的高级状态需要艰苦努力（不仅要规避罪恶），但他的想法与同样具有影响力的一种观点明显相悖：劳动本身就是美德之源。与康德同时代的人——苏格兰启蒙运动的作家们——认为："智人"（homo sapiens）从本质上来说也是"劳动人"（homo laborans）。[16] 就这点而言，劳动不仅出于实际需求，也不仅是一种不受欢迎却又无法逃避的生存手段，而且是人类内在本质恰如其分的表现。例如，亚当·弗格森就曾提出，只有当可供选择的工作不够吸引人时，闲散才会乘虚而入。入错行常常会让人感到束手束脚。通常来讲，人们会误把那种负面体验当作工作的本质特征："束手束脚的人无法全身心投入工作，把反感自身受限误认为是反感工作本身，把期待调职误以为是嫌恶付出。"[17] 相较而言，从事适合自己的工作实际上应比闲散更令人向往，因为它可以让劳动者感到充实，这是一种其他任何活动都无法给予的感受。康德相信劳动是件好事，尽管不是出于对人类经济概念的兴趣。正式来讲，他是不关心经济的。他对闲散的看法源于他认为闲散对我们人类是一种毫无价值的生活方式。赋予我们价值的是自我发展和对社会发展的贡献。这些都是需要努力才能达成的事。努力或许不会总让我们感到愉悦，但拒绝努力是没道理的。只有当我们选择不再积极地影响周遭环境，闲散的生活才可能实现。然而这种情况是不幸的，因为我们就像一个被宠坏的孩子，对身边的世界不管不问。我们天生是理性的，因此不应放弃实现自我的努力，不应放弃自主追寻理性与道德（因此人类并非纯粹的经济动物）。

康德所提出的论点不仅刻意而且带有历史性。他明白这种论点适用于他所生活的时代，并不是一种适用于任何时代、任何情境的抽象理论。启蒙运动的前景已映入眼帘，它慢慢渗透，最终使人类醒悟：作为独立个体我们是自主的存在，而作为集体则共同构成理性社会。从这个角度看，闲散是对启蒙运动的否定。它等同于拒绝挑战，不去承担对自己对国家应负的责任。若想不断进步，就必须明确指出并谴责这种不合作的态度。这一任务贯穿于康德描绘启蒙世界前景的三部著作。这三部作品在几年内先后问世，分别是：《回答这个问题：什么是启蒙？》（1784）、《世界公民观点之下的普遍历史观念》（1784），以及《道德形而上学原理》（1785）。

闲散与成熟

在讲启蒙运动的第一部作品中，康德开门见山地指出：启蒙运动的标志是人具备为自己思考的勇气。最终，在那个历史阶段，所有人都有可能为自己思考。这代表人类最终将步入成熟。康德表示，我们所处的时代还不完全是"启蒙后的时代……但我们生活在启蒙运动的时代"。也有不少人仍未表明是否愿意培养自己独立思考的能力。有能力为自己思考的人只根据他们自认为理性的原则行事。理性原则从来都不基于感性、偏好、个人兴趣或外界权威。教条与传统规则无法约束那些学会用理性管理自己的人。尽管如此，这也不代表凭借理性的分析可以挽回传统和习俗中的一些内容。闲散和懦弱阻碍了"启蒙时代"的到来。康德写道："哪怕自然早已让人类从对外界的依附中解脱出来，却仍有诸多人甘愿终身处于不成熟的状态，原因便是懒惰与怯懦。"统治阶级把人们当成孩子一样教训，警告他们要避免失败，人们必须从这些训诫中脱离出来。就目前来看，只有少数杰出的人才能真正拥有自我决断的力量。一旦对现代人类潜能的真相有所警惕，那为人类思想解放做出贡献——确保启蒙运动的历史任务的传承，乃是一件人人有责的事："个人或许会出于自身原因（但仅限于有限时间内）推迟对某些事物的启蒙。但全然否定启蒙，不论对他自己还是对后代来说，都是在违背与践踏人类的神圣权利。"[18]

康德在其有关"普遍历史"的文章中，对人们孜孜以求的"历史任务"这一概念，从更广义的层面予以了阐释。康德在文中探索了一种假设：人类个体明显的动机和自利行为最终符合了某种人类整体计划，而他自己却浑然不知。康德针对这一主题撰写了多篇文章，其中第一、二篇都认为理性是人类特有的能力，唯有通过人类整体，而非个体，才能全然实现。人类生命短暂，依靠个体无法全然实现人类之理性。（康德认为理性不是主体间的成就；也就是说它并不依凭共同关系与互利互惠。事实上，似乎理性随着人类世代繁衍而愈加成熟。）在康德看来，人类建立全然理性世界的前景，客观证明了人类为实现理性的持续努力与进步。康德认为，这种努力与理性的日益实现之间有显著联系。他声称，若理性最终无法全然实现，那么我们就不能视自身为理性的存在。在这种情况下，"所有实践的原则都将被抛弃，并且会使人类天生的智慧背上戏弄自己的嫌疑，因为我们一直将天生的智慧奉为应对环境做出判断的根基"[19]。这种想法让人难以接受，似乎也正基于此，它没有得到认同。文章暗示了走向完全理性的过程是个人理性行为的功能的一部分。

在持续实现理性的过程中，人类本着自由选择不断发展自己的才智与技能，慢慢以此替代自己原始的"动物属性"。[20]康德还设想，我们最终不会对任何自己无法控制的安排感到满意。不论我们怎样热切地畅想天堂般的快乐，都无福消受了。在没有主动创造幸福生活的前提下享受生活并非我们的天性。实际上，这里的关键在于主动创造，而非享受。闲散的休憩对于这个目标来说无足轻重。此外，我们努力构筑的快乐至上的世界不过是自欺欺人罢了，我们更热爱的是主动创造这个世界。康德写道："看来人的天性根本没有让人类安享生活，反倒迫使他们努力奋斗，依凭自身的行为实现生活安康。"[21]仿佛他接着就会谈到，那些拒绝通过"劳动"而"高歌猛进"的行为，才是无价值感所钟爱的行为。

在康德看来，人类是矛盾的存在，一方面好逸恶劳，另一方面又受理性天性的驱使"摆脱怠惰和自满无为，投身到劳动和艰难中去，从而驾轻就熟地将自己从中解放出来"。[22] 看得出来，康德担心的是：若个人的理性行为最终没能为人类理性的发展做出贡献，那么自然就会"耽于幼稚的玩乐"。不过他此处表达的观念，必然使理性行为的动机变成另一种折磨：我们必须不断放弃闲散，才能施与自我需要克服的压力。然而，正是这种折磨与价值神话形影不离：即便面对闲散或其他享乐，仍旧努力使自己脱离自然或既定情形的重要性。[23]

社会作为一个整体的出现与个人价值的实现也有关联。有序社会似乎是作为对人类相互对抗的经历的回应而产生的。当个体面临敌对状态时，求生是最好的选择——"克服懒散的倾向"[24]。但在这个过程中，社会还树立了一种比不稳定的和平更深层次的东西。我们在试图解决自己不社会化的社会性时，获得了"人的社会价值"。这种价值和闲散带来的乐趣具有本质上的区别。追求闲散一事无成，那种渴望常规的生活，与世无争的愚蠢想法，被鄙夷地视为幼稚。康德再次在关键时刻将对人类进步的期望与对惬意闲散的诋毁联系起来："每个人在试图进一步找寻自我的时候，无疑都会遇到阻力，这种阻力来自一种自私特质，若没有这种本身毫无吸引力的特质，人类将过上如田园牧歌所描绘的那般和谐、自足、互爱的生活。但人类的所有才智将永远沉睡，人会如羊群一般驯良，从而难以为自己的生存创造出比动物更大的价值来。他们来到世上所拥有之物，即理性之天性，便成了空谈。"[25]

康德认为，在这人世间，闲散者如牲畜般任人摆布。相反，主动之人则不断在由他人及自身所产生的敌意中周旋。在解决眼下对抗状态的过程中，他们使人性更接近于理性。自私并没有被克服，但成了刺激理性实现的工具。鉴于人类已习惯了彼此依存，竞争激烈的环境赋予了有序持续进步所应有的全部动力。这就是所谓文明的优势。若没有竞争来提供动力，我们便不会健康成长："同样，犹如森林里的树木，正是由于每一棵都力求攫取别的树木的空气和阳光，于是就迫使彼此间争着长高，从而长成美丽笔挺的姿态；反之，那些自由生长的孤树，棵棵都扭曲矮小。"[26] 就人类而言，远离他人的自由可能是境况所致，也有可能是出于偏好。若是出于偏好，那就违背了人类作为理性存在的责任——为实现全然理性做贡献。这种美好是冲突的产物。然而难以预测的是，若社会进步永久性地塑造了人类性格，那么对竞争的基本倾向还能否成为追求价值的动力。或许，人类的性格被塑造成不再为竞争而奋斗。不过康德似乎没考虑过这个。当今社会算得上井然有序，其动力同样是由咄咄逼人的竞争所驱动的。在这种情况下，理性意味着管好自己，培养超越天性的原则。这一系列言论为康德提供了一套背景理念，从而将闲散从合理偏好的范围内剔除。

无价值的闲散者

在《道德形而上学原理》中，康德着手证明了为何

"责任的普遍命令"对于人类这样理性的生物来说是无法抗拒的。该命令要求"凭借意志让你的准则成为普遍的自然律"[27]。实际上，这意味着我们只应选择那些对所有人都适用的行为准则。我们越是使自己扮演的角色普遍化，也就是仅关注共同特征，我们个人的特质就越少。情感依托与情绪反应因人而异。由于任何"情感"都属于个人反应，所以它无法构成道德法则的基础。法则作为一种道德媒介，本质上对每个人都不偏不倚，而并非仅仅代表个人利益。在康德看来，正是人性中理性的一面构成了我们共有的核心。

康德研究了一位闲散者的案例，他对培养"使自己八面玲珑"的才能毫无兴趣。[28] 出于一些康德并未解释的原因，此人现在愿意评估自己的闲散是否同"责任的普遍命令"相一致，而到目前为止，该命令对他来说并没有多少吸引力。似乎对于一个已经活得自得其乐的人来说，为达成这个命令要耗费的精力太多了。在这一虚构的情境中，康德提出了两个假设。假设一，他认为闲散者会遵从自己所赞同的那种指导行为的理性，即独立个体可以构建并拥护的普遍化的原则。但可能性更大的是该闲散者不论在何种情况下，都仅会做能够让自己开心的事。唯有凌驾于我们之上的权威对我们提出要求时，我们才会要求独立自主（用理性来为自己的行为辩护）。为何一个就想平平安安过日子的人，就要（而且必须）和别人理论呢？假设二，闲散者会对如何塑造自己感兴趣。这就涉及价值了。康德相信，闲散者到头来没法为自己飘忽不定的状态辩护。作为理性的人，闲散者终究会意识到自我逃避具有不可持续性。从康德的《论普遍历史》一文中，我们已经了解到什么是不可持续性：人类理性的本能促使我们为自己创造挑战，胜利赢得挑战，从而造就有价值的人，如果条件允许便能造就有价值之社会。

在《实践理性批判》中，康德试图解释以下问题：既然我们普遍会追求闲散与享乐，而这一点与价值相悖，那我们又是出于何种动力去追求价值？他坚称：让我们有机会获得自由的是理性而非欲望。而缺乏吸引力的理性又如何能让闲散者（他们的自由并非放之四海而皆准的原则指导下的自律）心动？康德答道：控制欲望、依法行事会带来不愉快感，而我们这么做却能获得自我认同，在认知上得到升华，那么不愉快感也就消失了。关于这一点，他是这么表述的："既然**遵从法则**，即如服从命令一般（意味着约束那些受感觉影响的事），那么在这其中就没有快乐可言，只有行动带来的不愉快感。但另一方面，由于施加约束的仅是自己的理性原则，那么人便会从中得到升华。"这种有关升华的冷漠思想可能伴随着去做"那些根本不想做的事"[29]。康德似乎也承认，这种抵触情绪是实现自由的必然特征，我们因此也获得了"更强烈的内在价值感"[30]。

有可能存在一个绝大多数人都过着闲散生活的世界，对于这一点，康德表示接受。据他表示，这种世界在遥远的国度的确显而易见："（就像南太平洋岛民一样）人类竟然使自己的才智生锈，仅专注投身于闲散、娱乐、生育（简言之就是享乐）之中。"[31] 除了南太平洋岛民，或许还有其他人，不受自然推动过程的约束。而康德表示这种推动过程不允许"人类""惬意地生活"。的确，康德认为人类忽略自己的潜能，转而青睐"采菊东篱下"的闲散，这完全就是个笑话。"我们"就是这样被塑造的——我们唯一真正的满足感，来自于通过努力改善自身境况。异国文化中的闲散因素无法启示我们该如何生活：很明显，他们的生活安排与我们无关。理性总是对我们有关生活的决定指手画脚，我们在理性的安排面前渺小无力。康德相信，理性的生命永远不会把闲散当作"普遍法则"。当然，理性的人可能会考虑到这种可能性，但他终究不会将闲散视为适用于所有理性生物的普遍原则。原因在于，这一生活方式仅出于个人倾向，是某些特定类型人的偏好。即使南太平洋岛民的幸福生活显而易见，也不足以说明闲散可以被奉为普遍法则。康德还认为，理性的人（他似乎指具备哲学分析能力的人）不希望看到闲散"成为与生俱来"的东西。³² 在那种情形下，理性的人类不会再尝试以各种方式实现人生价值：实际上他们会放弃成为理性的人。康德认为每个人都身怀绝技，能够最大程度上改造周围世界。这些能力"为其所用，并使其实现各种各样的抱负"³³。希望人类天生懒散，就如同设想一种让英雄无用武之地的情况。

虽然康德对闲散者的抨击似乎与他提出的人类通过不懈努力实现进步的概念十分契合，但在《道德形而上学原理》的论述中，隐约出现了另一种与之稍有出入的想法。我们知道，"普遍历史"的概念，是指有才能的人通过改善周围环境和树立敌对状态，回应内心使自己感到满足的需求。然而，《道德形而上学原理》却从不同角度分析闲散者。闲散者有为世界做贡献的潜力，最终他会发现自己是"可用来满足各种目标的人"。不过，要规劝闲散的人改变其生活方式，必须让他明白什么是有用的。为人类进步事业服务的论调能迫使他告别闲散吗？康德或许不这么认为。想要说服那些人，必须让他们相信，如果让自己对周围社会有用，便能收获特别的价值感。至于什么才算有用，通常（乃至从来）都不是个人能够决定的。是否有用，取决于我们是否满足所处社会的需求。不过这就涉及一个问题——既然康德认为使自己有用是理性行为的象征，那么是否就代表他把传统社会实践上升到了理性层面？如果答案是肯定的，那么批评闲散的动机之一也就显露无遗。闲散者与有些人所称的社会实践的"第二本质"相矛盾。他们对完善自己的传统做法无动于衷。康德精彩地将这一评判标准与理性联系起来。

不管怎样，闲散者必定没有实现自身价值。他们拒不施展自己有用的才能（尽管这些才能无法带给他们快乐），但问题在于，他们不理性地反抗成为他们应该成为的样子。康德从没说过闲散对闲散者有害。他也从没描述过由闲散所导致的精神、道德、身体方面的堕落。他的重点在于强调闲散的非理性本质，而伯顿认为规避闲散的原因是其会带来恶果，二者截然不同。康德用惬意的南太平洋岛民形象暂时迷惑了我们，但又提醒我们履行对自己应尽的任务，从而把我们从岛民身旁拉开。我们是否会被点醒，取决于我们在多大程度上接受要使自己有价值的观点。正是这个观点构筑了康德反对闲散的高墙。在康德独特的世界观中，这一观点并不稀奇。它为一种现今已普遍流行的思想提供了深刻的理论依据：有价值的生活必定是经过奋斗、获得成就得来的。康德认为将他的许多理念串联起来的"价值"并不会转瞬即逝。正如我们所见，康德认为追求价值是我们的天性。而一旦想到有用性是一种实际含义依特定历史需求而定的特性，并把价值与有用联系在一起，就会使这种观点黯然失色。

我曾说过，使自己有价值的命令试图直接诋毁闲散这种生活方式。我也曾主张这种命令是一种荒诞的说法。只要发现决定有无价值的方式与维护价值的理由之间的矛盾关系，这种荒诞说法的特性就显而易见了。人类一系列的努力奋斗都基于对价值的追求，这个概念是康德有关自我创造理论的核心元素，但他的分析从未给这个概念下支持性的定论。即便如此，这个概念依然屹立不倒、不容辩驳。我们知道，康德致力于维护以下观点：人类只能通过努力才能完全发挥潜能。另外，相比闲散者安逸的快乐，作为有理性的人类更倾向于为实现潜能而奋斗。但是，在康德为支持这一观点所提出的每个主张中遍寻不到理性的踪迹。康德经常承认人类会安于闲散，并觉得这样的生活无可厚非。只有用理性之人的概念对他们耳提面命，他们内心才会动摇。不过就算这样干涉又有何用呢？再者，如果人类天性不喜欢稳定的而没有挑战性的安逸生活，那么这种干涉是否就变成多此一举了呢？另一个让人担忧的地方是，鉴于完全实现理性靠的是化解社会敌对状态，那么这样的理性看起来更像是权宜之计，或是务实之举。为了满足我们对社交性和竞争力的双重需求，我们创造了社会，并用其解决了暴力问题。在不少例证中，我们看到康德把理性——实现自我才能的决心——与历史环境的需求联系在一起。结果造成我们为了满足周围环境的需求，而放松了自身的努力。这些理论和主张都无法证明人类愿意超越自我，实现更高层次人性的价值。最麻烦的是，价值信念给予了这种理念合理性：努力、有用胜于游手好闲。正是这一坚决规定使体验被重新构筑为抽象的层级制度。

教化[1]

康德关于"自由与有用"之间积极关系的思考，可能使他的基本道德准则（我们应被视为目的而非手段）复杂化了。为了让生活朝有用的方向行进，我们亦步亦趋于由他人裁夺的目的。康德作为启蒙时代的众多思想家之一，为此做出了许多努力。其中有一点十分关键，即他致力于缩小而非搁置个人自由与日常生活常规要求之间的鸿沟。至于如何调和个人自由与

---

[1] 原文为德语：Bildung。

社会存在之间的关系，我们随后将从不同的角度分析，理论源自后康德时代黑格尔与马克思的社会理论。

然而，有些与康德同时代的哲学家认为，这种特殊的调和关系没有任何价值。的确，从某个角度来看，它代表了一种粗浅的妥协——世界每个角落发出的呼吁诉求最终削弱了个人发展的无限可能。这一自我发展的过程可称为教化。在德国思想界，"教化"一词历史悠久，最常见的理解就是教育（这也是其主要用法），或是更广泛意义上的借由文化体验而形成的东西。此外，还有一种更为凝练的解释（这也是我们有兴趣谈论的），在康德声称有用是一种理性的自由之后开始广泛流传。这种对教化的独特解读源自较早出现的一个宗教观念，即基督徒应努力使自己"成为"（德语：bilden）耶稣的样子。它认为，作为一名基督徒，最理想的生活方式就是像耶稣那样生活。"效仿基督"（德语：imitatio Christi）的命令并非基于耶稣是某种道德或精神产物典范这一理念。毕竟，这一理念不受充分的启示权威的控制。根据基督教义的其中一条，每个人都是理想"原型"（德语：abbild）的一个"复制品"（德语：urbild），应努力使自己向理想原型看齐。[34] 这就含蓄地要求人们应提升自我，超越粗浅的社会意图。

将这种追求完美的理想从宗教中抽离出来，后果便是丧失了具体的模仿原型。完美的标准不再清晰，因为理想一旦被世俗化，就无法为其找到一个神圣的代表。相应地，模仿一个非神圣的存在，就仅仅只是一种复制而已。故此，对于教化指引我们前往何处的模糊不清，便也无须惊讶了。与康德同时代的哲学家与作家将教化视为一种自我发展。正如威廉·洪堡[1]在1792 年的一部书中提到的，他们认为那种"原型"可以通过"个人力量"与"千差万别的多样性"的结合而获得。[35] 这样的产物是独一无二的。原型无法事先模

---

[1]　洪堡大学的创始人，著名的教育改革者、语言学者、外交官。

仿，个人也无法从他人处获得如何选择生活方式的指导。从大体上来说，对于教化的具体成效，在涉及教化概念的作家中，很少有人提出过与之对应的或延伸的观点。[36] 不过即便是关于个人教化最为苛刻的概念，也存在一个普遍的特征——最大限度自我实现的益处与变得有用的需求（"外在目的"）之间存在绝对对立关系。[37] 不论它能带来多大好处，有用性都只不过意味着对自我个性的残酷牺牲。[38] 这一关于自我的宝贵观点也受到普遍道德准则概念的威胁，因为后者迫使人们在一个普通且可预测的空间里必须实现自我。那么即便是最纯粹的教化，也可能使人变得内向，因为就像托马斯·曼所说的："要考虑仔细地关爱、塑造、深化并完善自己的性格。"[39] 这种自我塑造可能仅是一种纯粹的自我想象、自我实现、自我维护的身心与情感的统一。[40] 也可以将其描述为通过持续努力获得的个性上的和谐扩展。[41] 鉴于责任艰巨，人们必须最大限度地参与其中。

即便在那些对教化持不过分夸张观点的作家看来，闲散也显然不是一种长久的生活方式。歌德的小说《威廉·迈斯特》的同名主人公英雄威廉和他的旅行同伴在某一刻被一处景象迷住了："一群吉卜赛人愉快地过着简朴的生活……有资格愉悦闲散地享受天性所具有的动人魅力。"然而这种享受无法持久，最终"主动性在年轻人心中醒来"。[42] 在威廉负伤的那一章开头，讲了一群游手好闲之人戏剧性且无目的地搏斗，接着却立即让步于现实世界的侵扰与残酷。身体恢复后，威廉不再试图重返迷茫的闲散状态。相反，他"提出再也不要整日漫无目的地活着：从今往后开始一步一个脚印，达成事业的成功"。[43] 在那一具有决定性的教化时刻，他抓住机会实现自己的无限可能。他的家人曾希望他下海经商让自己变得有用，而他的选择却与此相悖。虽然威廉并非受到不切实际的完美概念的影响，但他的发展历程必须与闲散决断。这样说来，我们或许可以将教化（无论是歌德还是洪堡提出的）当成一种与正直和价值等道德概念相对应的美学概念。然而，在美学范畴内，自我建构驱使人们向独特性而非普遍性发展。教化是一项自传性的、个人色彩浓厚的工程，而且它必须否定安于自身现状的想法。

第二章
工作、闲散与尊重

在鄙视无忧无虑的闲散的观点中，有一种称闲散为封建时代的余毒。从该观点来看，闲散从原则上来说是少数人享有的自由，是一种类似纨绔子弟享有的生活方式，这种生活方式是建立在他人的劳作之上的。闲散者们为追求安逸而过着放纵的生活。与那些必须为他们劳作的人相比，二者的生活有着天壤之别，他们因而获得了一种优越感。就这样，在经济优势、专制权力，以及在行为方式层面，他们比他人更加锋芒毕露。就是这种生活方式被托斯丹·凡勃伦[1]称为"惹人注目的悠闲",它炫耀般地"暗示……生产工作的无价值,以及……证明拥有能够承担闲散生活的经济实力"[1]。面对这些针对闲散的担忧,重审闲散的价值就带有了一项令人不快的任务——间接支持了花花公子奥勃洛莫夫[2]那样懒惰的人,也可能变成伯特兰·罗素所说的"对无用势利的赞美"[2]。当今关于公平的普遍观点所包含的价值判断,都果断地或至少原则上倾向于抨击封建特权以及维护它的价值体系。

我们应当承认,有一些人能够(至少有能力能够)享受某种过去只有少数人才拥有的独立性。若通过高明的职业管理或交上某种好运,也能够获得追求闲散所需的资源,那么似乎不会有多少人愿意阻碍这些人追求无拘无束的悠闲生活。那些严格的平等主义

---

[1] 20 世纪初美国经济学家,制度经济学的鼻祖。

[2] 19 世纪俄国作家冈察洛夫一部同名小说的主人公,是一个混吃等死的地主知识分子。

者显然会对此持不同看法。然而，以上情形仍无法展示闲散备受争议的魅力，因为它们不过是闲散的个例，要么通过非凡卓越的努力，要么完全靠运气取得。换句话说，这种形式的闲散并非真正反对事物的普遍规律。

　　然而，我们认定的闲散者中，并非每一个都披着贵族的外衣。还有一种具有欺骗性的（我们这么认为）闲散，即某些社会团体的日常生活方式。我们倾向于认为这些团体仍未受到勤勉、自律之类概念的影响。南太平洋岛民过着简单却吸引人的幸福生活，我们看到康德对此很是不满。为什么我们不能像他们那样生活呢？这一问题背后隐藏的渴望，显然不是想模仿少数特权者或散漫的亿万富翁，远远不是这样。从某种意义上说，这是被我们人性中的某种特性吸引，而我们以为自己早已失去了这一特性：除了最基本的生活需求之外，对争斗、野心、声望，以及外界对效率的要求统统弃之不顾。这样的闲散所需的只不过是放弃现代社会的根本机制：不必要的劳动、利益、竞争、对财富的崇尚。康德试图用价值信念来驳倒这一据说是原始状态的快乐。该信念描述了一个有关卓越人生的精彩故事，即便它敦促我们痛苦地工作。康德告诉我们，只要认真对待自己，就会由此获得某种满足感。他的立场能否具有说服力，取决于我们是否认为他复杂的原理和论据足够强大，能推翻我们对闲散可能抱有的任何渴望。若我们接受康德的观点，我们就摒弃了愚蠢的渴望。同样，我们也可将康德的观点当作天方夜谭，永远无法削弱闲散的魅力。

针对闲散，黑格尔有更为巧妙的反对理由。他首先提出，在现代社会中，闲散实际上是一种格格不入的元素。我们能看到，他的反对论点给闲散的支持者们提出了一个难题：闲散是基于特定文化背景的一种幻想，它产生于某种特定社会类型，而这一类型恰恰是闲散所反抗的。实际上，我们根本无法重返纯真时代。黑格尔之所以认为不可能，并非主要因为我们无可救药却又难以言说地笃信勤勉的价值。个中原因要比认知层面深得多。我们融入社会，便获得了自由感。工作就是一种融入社会的方式。我们提供产品和服务——我们所属生命世界的特有物，并由此为他人的需求奉献。因此，工作使我们成为成熟的、受人尊重的团体成员。那么，黑格尔的基本反对观点即为：鉴于现代社会使我们成为更好的人，那么渴望闲散就是奢望某种我们力所不及的东西。与康德的理论相反，黑格尔没有在我们面前挥动我们可能成为什么样子的画布。他关于我们应当工作的理由的论述，是对人类真实状态的写照。

本章将详细分析黑格尔对闲散的彻底批判。我还会谈到马克思，他吸收了大量黑格尔有关"只有工作才能使自己成为真正的社会成员"的观点。黑格尔的这一观点，促使马克思反对形形色色的对于闲散的赞扬。马克思同黑格尔一样，都认为满足社会需求是最成熟的人类的标志。这样的人拥有的自由是独特的。

对这类人来说，闲散的问题其实在于他们脱离了给予他们崇高社会使命的环境。这意味着自由无法通过闲散来实现，而只能通过最为崇高的社会交流来实现。黑格尔和马克思试图通过削弱闲散的逻辑连贯性和道德合理性来立论。他们想让我们确信：只有高层次的、具有社会动机的勤勉和努力，才是达成完全意义上自我实现的手段。这便将我们从实践中偶得的经验做了理论上的正当化——将得到社会尊重、他人认可当作最根本的需求。然而，通过把个人需求同伦理道德相联系，从而获得某种说服力的观点有失偏颇。黑格尔和马克思都是反对通过遁世获得快乐的大人物，他们认为必须遏制脱离社会期待的渴望：要么将之斥为个人的失败，要么将之视为社会结构的缺陷——使得社会无法提供让人获得尊敬的环境。本章所分析的文献，让我们有机会了解"对作为自由存在的人类而言，工作乃重中之重"这一观念。

黑格尔所谓的永远的工作者

一

我们一旦试图将闲散纳入长期的生活方式，便会遇到重重阻碍，黑格尔有关工作的一系列论点，或许能够解释导致这些困难的根本原因。什么事都不做，毫不考虑效率与外界的期待，这似乎有一定的吸引力。毕竟，过一种高尚的、有所建树的生活，其弊端就是顶着损害健康的压力。管理咨询从业者总是会说诸如"我们须得迅速前进才能屹立不倒"此类令人神经紧张的话。过上一种效率适中或平衡的生活，并非这个崇尚工作的世界真正希望我们做的事。然而即使对一切心知肚明，并且从思想上愿意改变这种情况，我们的内心也会对我们这样做产生抵触。一旦工作不够严酷，没有剥削性或重复性时，我们便会退缩。我们或许相信，工作和闲散之间存在快乐的空间，其间，我们可以坦然面对不安而不会被其吞噬。

实际上，托尔斯泰发现了一种生活方式，能够实现这一点：

堕落之人喜爱闲散，但人类这一物种受了诅咒，不仅因为我们必须用辛勤的汗水换来果腹的食物，而且因为我们的道德天性不允许我们对闲散安然处之。一旦闲下来，我们内心会有一个声音告诉我们这是错的。如果人们可以找到一种觉得闲散是完成使命的状态，他便算是找到了上帝最初的恩典。而有一类社会人员——士兵便处于这种出于义务、无可指责的闲散状态之中。服役最吸引人之处便在于其拥有出于义务、无可指责的闲散，这是亘古不变并会一直存续下去的事实。[3]

首先，这种状态有着令人心驰神往之处。不用付出任何真正的自我牺牲，就可以回应"心声"。远离战争的士兵们在挣得生计的同时，还切实享受着工作带来的种种光荣。但是破坏闲散的"心声"这一概念非常复杂。用托尔斯泰的话来讲,它的产生依赖于我们的道德本质。然而这一本质的来源又是什么?黑格尔将其解释为"一种我们通过适当的社会化而获得的能力",但问题是,我们是否有必要以这种方式让自己社会化,以及为何这种社会化是合乎道德的。

从某些角度来看,工作并非我们应当努力控制之事,就像托尔斯泰描述的士兵那样,他们加入某一单位,愉快地处于半失业状态。对许多人来说,工作带给他们具有深刻意义的成就感,而闲散则无法实现这一点。脱离工作本身就可能引起令人不安的焦虑,而且人们通常都会害怕一旦退休,就会和工作以及依附其上的成就感彻底告别。那些从事"好工作"的人所获得的成就感是通过从事具有价值的工作得来的。对这些人来说,除休息以外,闲散会让他们觉得浑身不自在。长日将尽却毫无所获乃是虚度光阴——这种自我谴责是真真切切的。

然而,我们为何要如此在意呢?每个善于思考的人都知道：到头来，我们取得的一切成就其实都不重要。在工作上得到提拔跟原地踏步又有什么区别呢？为何扬名于世有如此大的吸引力？对许多人来说，追求成功是理所当然的，但并非所有人都这么想。有人就会觉得，驱使我们工作的是一种尚未被完全了解的心理动机。借帕斯卡的话说，我们常常希望安静地待在自己的房间里。若所有人都这么做了，那么人类所知的世界可能就会陷入一片混乱。不过遁世在某些方面还是具有吸引力的。但通常情况下，这种吸引力会被与之相应的入世之积极与高效击败。积极，就是以超越基本生存需求的方式生活。其表现形式便是不惜一切寻求别人的尊敬或赢得"名声"。

通过满足他人的需求——从医疗到娱乐，不论什么需求——使自己有用，我们从而告别原先默默无闻、无足轻重的状态。而理性地看，我们高估了这种名声的价值。因为究其动机，是想让他人记住自己，而他人定然不会像我们自己那样把我们的付出铭记在心。

哪怕承认闲散（过上一种更简单平淡的生活）的魅力，深知让他人记住自己是近乎徒劳的，依然不足以阻止我们委身于工作。在上述现实的冲击下，闲散不过是镜花水月。黑格尔的理论支持工作的吸引力，这种吸引力与闲散相对，并较之更强。该理论有力证明了工作能战胜不光彩的闲散。然而，他的论断并没有解决问题，似乎反而是它们证实了现代生活最令人生厌的特征，而这些特征却从反面激发了我们对闲散的向往。

从被奴役走向自我奴役

黑格尔在讲述人最终如何成为（以满足他人的需求为目标的）社会成员时，开篇就讨论了被奴役和战胜杂念。他著名的"主奴关系"讨论，为我们展现了他眼中现代社会中社会关系均衡起步时的艰难。一个"为他人而活"和"为自己而活"的人和谐共处的世界，必定需要个体间达成某种形式的互惠。[4] 不过，黑格尔认为这种互惠是一种成功。这种关系既不存在于自然状态下，也不发生在不成熟的社会里。他认为，社会结构始于不平等，奴隶主有之，奴隶亦有之。随着社会进步，这两种生活形态最终会消失。从某种意义上来说，我们成了自己的奴隶主，不再受他人威胁驱使而是服从我们内心的安排。从黑格尔的社会学角度来看，工作代替了受奴役的劳动。至少黑格尔的正式论述中就是这么表达的。

显然，即使处于黑格尔所描述的最佳工作状态，原始奴役的特征依然存在。针对其他情况，黑格尔有眉有眼地说：若想充分解释某一现象，就必须回顾该现象的起因。随着现象的发展，起因会渐渐淡出视野，但从未真正消失。任何一种现象的意义，都源于它与其他事件的联系及其本身的发展过程。后者包含其发展过程中的不同形态，以及当这些形态出于种种原因无法维系下去时的解决办法。黑格尔描绘的现代工作，从某种程度上来说是奴隶的不自由和奴隶主的闲散两个极端达成的调和状态。然而，这种调和状态更侧重于强调工作不自由的、奴隶般的特征的重要性。毕竟成功的自我主宰，看起来就像一种自我奴役的过程。实际上，随着社会发展，非奴役状态的自由（也就是闲散）被大规模地剥夺了。不论闲散还遗留下些什么，黑格尔都会摆出若干站不住脚的论点予以驳斥（接下来我讨论的内容将会予以解释）。

黑格尔提出的主人和奴隶的辩证关系（《精神现象学》中有这一章）告诉我们，社会最终会发展到人与人之间能够相互"认可"互动的阶段。在黑格尔的设想中，现代社会所赋予我们的获得自由、善于社交、能与他人自在相处的多种方式，其核心就是认可。当我们以期待被认可的方式得到别人的认同时，我们就会感到满足。我们期待被认可为权利持有者、好公民，抑或任何一种对社会有益之人。给予我们认可的，是我们眼中重要的人。他们的身份——本身就是得到认可的标志——使他们具备资格，能在我们希望得到认同的任何范围内给予有参考价值的认可。因此，认可存在于互惠互利的网络中。主人与奴隶的辩证关系具有以下特征：两个想象中的独立个体，竭尽全力重获与世界无缝结合的自然意识。而当其中任何一方首先发现另一方的存在时（他们第一次意识到还有别人），这种意识就不复存在。通过观察彼此独特的人类特征，双方都意识到：作为人类，自己不仅仅是自然界的一部分。这就是所谓的原始创伤。我们将社会结构的持续发展理解为旨在恢复因原始创伤而丧失的平静和自由。这个恢复过程不是通过回归自然实现的。黑格尔相信，现代社会通过建立合理的社会组织来实现恢复过程。那些同属于这些社会组织的人相互认可，这些组织使我们与他人建立道德联系，并提供一种唯一的情境，让我们能够被认为获得了适当的自由。

我们可以遵从这种辩证法，拼死拼活地成为黑格尔臆想的主人公中占据优势的那一个，从而确立由奴隶主与奴隶所构成的社会组织。这种组织还存在不少问题，比如失败者受人摆布。黑格尔认为，在这种社会架构下有一类人（奴隶主）有权认定事实的真假。奴隶所知道的全部事实都来自奴隶主的话语。从这个角度来看，奴隶完全依赖于其主人。他们之所以处于这般境地，是因为比起死亡他们更情愿这么活着。他们的主人把他们当作"无足轻重"的存在。[5] 也就是说，奴隶对其主人的精神世界而言无足轻重。每个奴隶都一样，而且由于他们卑微的地位，无法为决定对错真假做出贡献。虽然奴隶主明显享受着这两种生活方式中更加舒适的那种，黑格尔却认为，奴隶主的情况不能令人满意。当然，奴隶主的地位是稳固的，但从很多方面来讲，他们与世界是脱离的。最突出的一点就是，奴隶主不直接与自然产生联系，因为是奴隶代替他们工作，但从更深层角度来说，之所以认为奴隶主是孤立的，是因为他们无法受到认可，而这点对他们来说很重要。也就是说，没有其他类似身份的人能够赏识他们的价值。很明显，奴隶主并不知道自己缺乏他人的认可，因为从未体验过被认可的感觉。不过认可的缺失还是有些令人沮丧的。奴隶的确把奴隶主认作主人，但他们的这种认可是毫无价值的。我之前提到过，奴隶虽然有意识，但他们的意识无足轻重，因为他们对世界缺乏独立的看法。[6]他们顶多被迫把奴隶主的意志当成自己的想法，却无法增添任何额外的价值。

我们可能会以为，奴隶的命运完全是一出悲剧，充斥着源于恐惧的服从和依赖。然而，黑格尔认为，处于这种独特环境下的奴隶，却有着意想不到的优势。也许只有回过头来才能看清这些优势，因为他们构成现代社会成员未来发展的一部分。不过，两种角色的主从次序有些颠倒，也就是奴隶在某些方面比奴隶主更丰富地体验了世界。奴隶无权决定如何支配自己的时间。不过这一从属地位，却为他们打开了通往另一个空间的大门，在那里，他们至少能够专心完成分配给他们的工作。黑格尔设想的不是一个地狱般的世界——奴隶主冷酷无情地对奴隶们每分每秒的动作加以监视。黑格尔所设想的独特世界带着一种诗意，虽然奴隶不自由的状态由来已久（毕竟还是奴隶），但这种状态带来了某样东西，奴隶能借此自主决定如何完成工作。这种东西，便是他们的个体性，他们是有个性的，并且能凭借这种个性完成既定的工作。虽然这看起来不能算拥有了多大的自由，但黑格尔却不这么认为。他宣称奴隶运用个性改造世界的能力，催生了"一种真正独立的意识"，奴隶"渐渐意识到真正的自己"。在我们看来，他只是个奴隶，但黑格尔却认为他已成为一名能将自己的个性作用于自然的劳动者。通过劳动，这个普劳图斯[1]式的人物树立了一种自我意识，这种意识不可简化为奴隶主的命令。奴隶的人身归属权不掌握在自己手里，却拥有一种连奴隶主都无

---

[1] 罗马第一个有完整作品传世的喜剧作家，出身于意大利中北部平民阶层，早年到罗马，在剧场工作。后来他经商失败，在磨坊打工并写作剧本。

法控制的更加深远的意识，"奴隶似乎在工作中只是一个孤立的存在，但正是工作，让他获得了自我意识"[7]。

然而，使奴隶自我意识更上一层楼的并非自主追求或自我实现的渴望。获得"意识"的条件是"恐惧"。毕竟，奴隶之所以会自律，仅仅因为被奴隶主彻底控制。只有奴隶全然认识到摒弃自己稍纵即逝的欲望和在奴隶主身边随时待命关乎存在的重要性，他们才会产生巨大变化。为此，工作只是"暂时的逃避"罢了。工作将命令强加于奴隶的欲望之上。奴隶之所以会获得某种独立感，源于抵抗自身对奴役状态的期待，其产生条件为奴隶经历"恐惧与效劳并存的时刻"。他们受这两种力量驱使而被迫工作，若没有这些力量，他们绝不会努力尝试表达自我本质。在残酷的环境下求生，让奴隶发现娴熟的工作乃是"放之四海皆准，且有利于自身发展的活动"。若没有"绝对恐惧"——暗示奴隶性命难保，而"仅是吓唬威胁"，奴隶对待工作的态度将是"没诚意的、以自我为中心的",深陷"自我意志"和"自身"的"想法"中。[8]这种抵抗剥夺了奴隶的发展机会以及动手改造的满足感。这里所说的机会,便是现代人的工作观和有用论的来源。

奴隶主没有工作,属于闲散之人。只有那些转瞬即逝、毫无先兆的欲望才能打动他们,因为这些欲望构成了他们对顺从的奴隶发号施令的基础。正由于天生怀着欲望,奴隶主与奴隶相比,才算不上完整的人。奴隶需保持自律才能遵从指令工作。在黑格尔看来,从这种自律中诞生了稳定的自我。奴隶主是闲散的典型,与奴隶相比,他们仍未实现自身的社会角色。黑格尔认为这是奴隶主的缺陷。因此,在他看来,奴隶主甚至不曾拥有过自由。他们没有身份,并且因其闲散的特性永远无法获得身份:欲望无法铸就那种可献身于外物的持久的自我。因此,奴隶主无法公开自己身份。相比之下,我们发现奴隶的自由虽未发展完全,却可从哲学意义上辨识,并且这种自由依附于他们的工作，也就是公众意义上的存在。他们让自己投射于自然之中。奴隶所拥有的坚持不懈，源自严格管控任性的欲望。

然而，为何脱离了黑格尔辩证法设定的原始条件，奴隶的自律还能继续存在呢？在恐惧的作用下，听命于人的态度与把自身意识作用于外物，拥有公众存在感的愿望联系起来，那么，这种恐惧的来源是什么？我们可以想象，原本是别人来奴役自己，如今已经演化成了自我奴役。而作为自己的奴隶，我们并不畏惧奴隶主，若依循黑格尔的论断，这种奴役状态便失去了意义。或许我们正在亲身经历的恐惧是种独特的焦虑，它似乎一直伴随着我们渴望在工作上得到认可的需要。我们意识到这种可能性：若脱离了工作世界，我们将失去曾获得的所有成就。只要我们做了令他人仰慕的事，就称得上成功。那些没能满足职业期待的人，就面临着某种"死亡"。如果自主就是满足职业期待的目标，那么它是很残酷的，而且自相矛盾，仿佛在说：通过自我掌控而获得的自由，取决于他人对我们如何运用自己力量的看法。毕竟奴隶的性情是一成不变的。自我主宰和自我奴役指代的是同一种现象：诚惶诚恐地工作。所有这些都是黑格尔所勾勒的现代社会成员独特系谱带来的结果。毕竟，那种重构强调其奴役的系谱。奴隶主的闲散注定无法发展，毫无希望可言，是一种混沌的欲望，没有自律的约束，不指向其他人——既不征求他人同意，也不满足他们的需求。这种倾向无法改变，而且与我们应成为的样子背道而驰。就像科耶夫[1]说的："如果做闲散的奴隶主只有死路一条，那么相比之下，成为勤恳的奴隶却是所有人类、社会、历史进步的源泉。"⁹我们将看到，黑格尔通过描述现代社会中人们的相互交流深化了这种历史。所有关于奴隶主、奴隶、恐惧的谈论都不再重提，但辩证法形象地提出的基本倾向却永久留存。

---

[1] 法国哲学家、外交家，存在主义中新黑格尔主义的代表。

需求系统管窥

在《权利哲学》一书中，黑格尔介绍并阐释了关于工作和奴役的一些元素，这些元素我们在讨论奴隶与奴隶主的辩证关系时曾提到过。在黑格尔看来，只要是正常的现代人，都愿意成为对社会有用的人，他坚信我们凭借工作使自己有用。黑格尔所关注的工作并非人类与生俱来的能力，而是只能通过教育和社会化获得的能力。黑格尔所说的有用，并不代表我们应该沦为他人的工具，也就是说，这种有用和工具性无关。相反，工作让我们既能满足他人需求，又能使自己成为复杂而自由的社会人。

这些观点体现在《权利哲学》第三部分。该书的第一部分论述"抽象权利"，即法律赋予人类的正式自由权利。第二部分论述"道德"，分析在将自由建立在个人良心基础上的理论下的自由。黑格尔认为，从这两个角度衡量自由仅仅是管窥蠡测，两者都无法涵盖人类作为社会整体规范的制定者和自由的响应者所付出的行动。而这是因为那些衡量角度都没有认识到自由的一个根本先决条件是个人的社会化。社会化以不同方式使人类与外部世界相抗衡。就像黑格尔在"道德生活"一章（属于第三部分，也是全书的高潮部分）中阐释的：正是通过社会化，我们才能成为社会的一分子，自由地参与能够展示自己某些方面的活动。成就自我的客观现实在社会互动模式中得以确立。我们已了解黑格尔对这种互动性的认定，即辩证依存的奴隶主与奴隶是否被"认可"。黑格尔认为工作属于"道德世界"，与那种认为工作只不过是强制要求或仅仅是出于自然需要的悲观论调截然不同。正相反，在他看来，工作是社会成员寻求合理存在的基本空间。从黑格尔理论的清晰特征中我们可以看出，谈到自由有哪些形式，闲散从一开始就被排除在外了。因为工作和获得被人认可的社会地位，才是自由的标志，而闲散似乎违背了现代社会对我们的要求。

黑格尔将工作置于"道德生活"（他称之为"需求

系统"）的范围内。他告诉我们，这个系统包括"如何平衡需求和个人满足，方法就是通过工作满足其他所有人的需求"[10]。他所强调的重点是：工作使我们置身于社会环境中。若个人没能凭工作使自己投身于"外界事物"，那么理论上纯粹的私人空间将是孤立的，发展程度也不会令人满意。从某些角度来看，如何投资和选择投资对象属于个人选择，但与我们努力获得的"满足感"紧密联系的是个人选择与他人需求的结合程度。这里的他人不是指奴隶主。那么，黑格尔这里并不是在宏观描述市场经济的基本动态——有只"看不见的手"在运用某种推定有效的方式指导生产。其实他是赞同这一经典论述的。但对他来说，我们必须首先考虑支持需求系统的深层事实，即这个系统是成为现代社会成员的重要特征。黑格尔着重强调构成系统的那些千丝万缕的关系。这些关系与为了某一特定目的在特定时间内将双方联系起来的契约不同。这些关系"相互调和"，他也因此认为这些关系是"道德的"，让我们在超越共同利益的基础上团结起来。[11]

在这个背景下，这种多余的道德元素的意义变得无迹可循。在我们对他人需求所怀有的一切感受中，找不到与道德相关的元素（除了在家人和朋友圈的有限范围内）：黑格尔认为，这个系统的运行不是依靠有意识的利他行为，或是对社会及其价值的尊崇。我们在这个系统中踏实做事，也不是为了诠释任何一种道德原则或展示德行，但他仍非常重视推定存在的系统道德特征。只有那些没有亲身实现系统道德性的人，才认为系统是道德的。在谈到我们为何有动力生产某些商品而非其他商品时，理性的经济选择其实就能做出完美的解释，但黑格尔偏偏坚持认为这一现象具有道德特征。同样，他这里提出的"认可"似乎具备某种崇高特质，然而在有关生产者与消费者真实情况的描述中却找不到这种特质的踪迹。他认为生产者与消费者的关系具有"相互认可的特征"[12]。生产者认可受需要之物的价值（因被人需要而具有价值），而消费者认可满足他们需求的生产者的角色。运用他发现的这种交易的道德性，黑格尔证明了工作系统的合理性。托尔斯泰认为，构成摒弃闲散的冲动的基础是"道德本质"，在此可以理解为在需求与交流的"道德"系统内进行角色扮演。

社会需求显然是复杂的，与生理需求关系甚微。黑格尔主张，我们认为自己所需求之物是由"看法"决定的。[13] 我们任由他人以当今盛行的"品位与实用"的标准为依据对自己指手画脚。一旦满足那些标准，我们就能"融入他人"[14]。这是黑格尔眼中社会个体的根本需求之一。他不认为"融入"乃人之天性。文明的人对他人的看法有所回应，并因此受到鼓舞去实现他人看重的事。就这样，我们的行为"超越"了动物本能。[15] 这一思维方式似乎印证了托斯丹·凡勃伦心存偏见的形容——"显摆"。但是在黑格尔看来，对他人有求必应并因此得到他人认可是件好事。他认为，与其把"看法"视为痛苦的来源，我们不如视其为"解脱"。为了维护这个令人咂舌的论点，他提出的论据甚至延伸到：看法是社会个体必须遵守的准则。用他的话来说，看法产生的需求代表着"个人与**其自身想法之间的关系**"。[16] 从先于我们的观点来衡量，我们以自己独特的方式理解并认可自身行为是不可行的。凭借成就而备受尊重与敬仰，这固然令人满意，但若无法企及他人看法丈量的高度，人们就会感到羞耻或压抑。奥斯卡·王尔德搬出种种理由鄙视传统，他如此评论道："绝大多数人都是别人的傀儡。他们脑中装着别人的想法，过着亦步亦趋的生活，体验着引述而来的激情。"（《狱中记》）然而，黑格尔却把满足他人看法的愿望当作一种自由。若觉得他人看法是种束缚，那么它完全是人为的束缚。

根据这一观点，那些只有自然需求的人，就无法体验这种自由。那么，处于自然状态就是"野蛮和不自由"的。[17] 黑格尔生硬地将两者作对比：称看法为自由的，称简单为粗鄙的。一谈到实现自由的具体途径有哪些，即何种"看法"能指引我们发现需求并将其实现，他却缄口不语。根据黑格尔基于看法的需求理论，那么获得名贵消费品就是自由也讲得通。第欧根尼[1]曾试图徒劳地反对雅典的奢华生活（这一看法挺让人反感的），黑格尔也对此加以批判。他认为，作为一个目的明确的反叛者，第欧根尼受"他用全部生活方式去反对的看法"的"支配"。[18]第欧根尼的反叛有着更广泛的意义，因为它维护了黑格尔的观点——"看法"对社会个体来说是无法避免的：要么像绝大多数人一样顺从地认同这个准则，要么反对它，而反对方式却证实了他们对准则的内化程度。他们把自己定义为反叛者，而反叛必须有其实质内容，而这一内容是像第欧根尼这样的反叛者无法创造的。黑格尔对第欧根尼反叛的评价很犀利，称其"无聊透顶"。[19]有可能他是出于对第欧根尼讨人厌的公众行为的厌恶。如果

---

[1] 古希腊犬儒学派的代表人物，据说他住在一个大木桶里，排斥一切社会活动。

单从哲学角度来评价，那么黑格尔等于挑起对使生活摆脱"看法"的任何努力的批判。虽然黑格尔对第欧根尼的批判并没有推崇因循守旧的意思，但也反对其他具有独立想法的行为。这是一种对自由相关论述有明确影响的重要思维方式，而提起自由，我们便会联想到闲散。根据这种论述方式，闲散者的反叛只不过证实了有用的重要性。郁郁寡欢的闲散者很难适应社会，他们想要逃离有用性的幻想是不切实际的，因为他们没有正当理由。

当我们思考黑格尔所理解的教育范围时，其中所蕴含的不切实际性成为鲜明的焦点。他认为我们凭借他所称的"实践教育"获得为需求系统服务（成为一名劳动者）的能力。他严格区分了实践教育和理论教育。实际上，后者包括获得对理论的运用能力，而前者似乎是培养某种具体特质。他写道："凭工作获得**实践教育**意味着自我延续的需求，以及以这样或那样的方式**忙碌工作的习惯**。"这些方式包括：**限制自己的活**

动，从而既能适应生产资料尚未确定的自然属性，也能迎合他人的武断意志；还有通过这种自控力养成的、追求**目的性活动**和**普遍适用技能**的习惯[20]（黑格尔曾在别处将"他人的武断意志"阐释为给服从专断意志的个体之自由带来消极后果）。[21]

可见，这种特质具有许多方面：某种职业道德或习惯、生产、特殊技能、对他人需求的响应等。所有这些特征汇集起来，便造就了一个有用的劳动者。[22]野蛮人就是从没享受过指向适用性教育的一个例子。黑格尔认为，这种异类没什么值得欣赏的。他脑中可能浮现了一个来自当时已知世界其他大洲的人，由于探险发现及随后对商业和殖民机会的探寻，引起了西方人的密切关注。正如作家莎拉·乔丹所说，勤奋的欧洲人常视这群外来人的生活为"表现出令人生厌的懒惰，而不是那种伊甸园式田园诗般的悠闲状态"[23]。黑格尔也将这些异类视为低层次生物。这些野蛮人过着"懒惰""无聊凄凉、孤独"的生活，毫无"需求以及忙碌的习惯"。[24] 显然，这种人缺少理性社会个体的特质，虽然不清楚为何黑格尔认定这种生活方式是孤独的。或许这种猜测有利于支持他的理论：文明包含认可和共同关系，而野蛮则不具有这些特征。若想解释为何不具备，还有什么比宣称野蛮人的社会关系匮乏更好的方法呢？（或许此处有种暗示：黑格尔认为的现代社会下层阶级——下等人——可以安于原始社会关系，只不过他们被当成了危险的、无政府主义、不理智的闲散者而遭人忌惮。）[25] 缺乏这类特征的后果是，野蛮的人还被剥夺了——有些人可能将其视为解脱——"看法"这种"让人自由"的压力，以及"他人的武断意志"。只为满足基本的自然需求，在任何情况下都不会得到荣誉——没什么值得认可的。野蛮的人可能完全自给自足，但这种"当下"的劳动却得不到承认，没什么价值，因为它是由仅满足现实情况下无目的需求的人完成的。虽然无疑它也需要付出努力，但以黑格尔的独特思考方式来看，它并不"道德"。黑格尔有关野蛮人的概念让人匪夷所思，它勾勒出像动物一样生活的人类形象，他们独立于多层次文明之外而存在。然而，在否定第欧根尼那样反抗有用行为的合理性方面，这一概念有着重要价值：它将那种反抗转化成对枯燥、孤独和原始需求的荒诞且事与愿违的渴望。

黑格尔已然认定，道德的社会化只存在于高度组织化、建立已久、规模宏大的人类聚居群落当中。社会化程度高的人类，既不懒惰也不闲散——实践教育确保实现了这点。这种教育使需求系统健康发展，且让置身于其中的每个人都能在满足非物质需求的同时获得某种认可。[26] 然而，若我们尝试从野蛮人的角度思考，那么黑格尔关于高级人类的概念似乎是不近情理的。既然仅靠完成必要的工作就可以维持生活，那么他们怎会相信"忙碌的需求和习惯"就代表它优于现状？的确，值得商榷的是，那种"忙碌的需求和习惯"有时会让人产生不愉快的焦虑情绪，破坏了休息与闲适之乐。如果闲散的吸引力部分在于脱离"看法",那么我们就会反驳黑格尔对野蛮人的评价。似乎他们拥有那些我们几乎未曾享受过的自由:只需要为了维持基本生存而工作,内心安宁,不用画地为牢,长久地工作,也不受他人看法的侵扰,即应该做什么,应该活成什么样。

对这种生活的想象,或许会让我们沉溺其中无法自拔。但从黑格尔派哲学家的角度考虑,我们没有理由说服别人自己也可以这样生活。因为幻想中的自己会与真实的自己相抵触。我们幻想释放自我去拥抱野蛮的闲散,就像第欧根尼身处闹市却渴望与雅典的奢侈浮华大相径庭的简朴一样,都是站不住脚的。我们都隶属于"需求系统"。对我们诞生的这个世界持否定态度注定会失败,正如仅仅依靠模仿,我们不可能重返自然、直接的野蛮状态。这是一种极为关键的思维方式,它试着阻挠对迥然不同的生活方式的理性辩护。返璞归真只能模仿,无法实现。

经验让我们许多人明白，赋予工作意义的社会结构并不像黑格尔所想的那样深刻而迷人。即便工作属于自我实现的范畴，人们也未必一定得去工作。学者罗兰·保尔森对工作场所的研究进一步证实了这些想法。他的研究表明，当劳动者不受监督或不用负载巨额工作量时，他们可能会倾向于闲散，而非积极主动创设新颖的工作。雇员（称他们为劳动者似乎不太恰当）实际上会通过闲散的活动找到自身价值，不论是在工作时间与同事交流，还是上网闲逛。不过这种价值并非归功于工作过程及其假定存在的荣耀。保尔森所称的"空洞的劳动者"通常占据着拥有不错社会地位的职务，且这些职务享有进取的社会理论家支持的条件：劳动者被期望完成的工作的技术水平高于平均值，而报酬却一般。他们工作稳定安全，没有加班加点的必要。然而，尽管成功、满足、奉献都触手可及，但他们（我们）还是选择闲散。其实，在空洞的工作中，个体找到了一种超越本应产生的欲望的手段，而这与工作和自我提升有关。[27]

可见，黑格尔认为我们无法逃脱社会化。他还希望我们远离那可怜的野蛮人过的闲散生活，但适用于第欧根尼式反叛者的社会化论点，只不过是自持己见罢了。且像黑格尔所希望的那样，对野蛮人的生活持反对态度，一旦其他选择和有关奴隶主与奴隶的惨痛经历密切相关（就像之前提到的那样），那么这种反对态度就会变得扑朔迷离。若我们反对闲散，就等于重启了一种自我管理、自我奴役的生活。黑格尔让多数人过上这种生活的想法无疑是正确的，但他没有承认负担也会随之而来：渴望成功会带来可怕的焦虑，而且这里所说的成功，并不一定属于我们自己。在这种背景下，闲散就成了反对现代世界教我们怎么活着的代名词。只有当现代世界不再是焦虑的来源，闲散才可能重拾魅力。接下来一节，我们会看到马克思对工作的看法：努力改变世界。在该理论架构中，闲散有望替代黑格尔所推崇的社会系统。

马克思与自私的闲散者

一

马克思采纳了黑格尔工作理论的许多观点。但与黑格尔不同，他没有像同时代其他人那样试图证明工作的合理性。相反，他提出一种对工作的愿景，认为社会还未完全具备将其实现的条件。黑格尔相信解放人类的劳动是真实存在的，但马克思认为这只是一种憧憬，这一基本理念让他的观点别具一格，我们可从中评析闲散的魅力。虽然黑格尔认为社会形态将懒惰与闲散排除在切实可行的生活方式之外，但马克思却认为，在这个劳动等同于自虐的世界中，闲散有其魅力是合情合理的——这和宗教有相似之处。

关于理想工作的特征，马克思与黑格尔观点有所不同。马克思认为，在理想状态下劳动者会受道德的驱使；而黑格尔则是把道德系统本身（而非其推动者）当成是道德的。马克思对闲散的独特评析就源于这一道德立场。他将闲散视为利己主义——闲散者对团体成员漠不关心，而我们本应对他们嘘寒问暖。另外，闲散者对增强个人实力与技能的义务也视若无睹。马克思倾向于从懒散的角度衡量这种行为，他用了"懒惰"（德语：faulheit）这个词，或许暗示无所事事是有罪的：明知应该做却不愿做。或许，现实情境可以解释为何许多人倾倒于闲散的魅力，但这也无法改变闲散自私的本质。闲散的存在，反映了自私产生的条件。马克思为我们展现了一幅高度发展的人类社会图景，并对任何可能阻碍其实现的因素进行了理性分析。要实现他的理想，人与人之间需要进行互动，因此他担心任何将闲散置于成就之上的行为或生活方式都会使我们与群体交流隔绝。这些观点在马克思早期（以及稍后期）作品中非常普遍。[28]

马克思维护自身观点的阻碍是，必须证明对非剥削阶级的懒散和闲散行为的谴责是正当的。与传统观点对闲散者的潜在堕落性的担忧相比，这种谴责与其没有任何相似之处。相反，该观点认为懒散会使我们丧失机会，因为它阻碍我们在充满热心同伴的团体中实现自我。我们将继续探讨，马克思设想的理想的工作是一项愉悦的道德事业，是由对他人幸福快乐的有意关心引导着的。他认为，不论是呼唤悠然自乐的闲散，抑或是维护不愿工作的懒散，都是基于对工作的误解——仅凭当下的悲惨现实做出的误判。这种现实就是：人们的共同行为缺乏团体性和幸福感。从这个角度来看，即便闲散可供用来逃脱异化情形，但它本身就是异化的表现。作为对建设性社会批判的贡献理论，马克思的主张基于以下两点：第一，道德观念（工作动机源于对他人的关心）；第二，在最好的情况下，生活会是怎样的（对实现自我的追求）。由于他的主张与人们普遍认可的价值和理念紧密联系，因此相对而言似乎无可辩驳。而实际影响却比较复杂：闲散将被更高级的劳动形式所取代。马克思的观点要成立，必须首先让那些在闲散中找到自由的人相信，即便以劳动替代闲散，后者的优点（愉悦、幸福、安宁等）

也不会消失。只有这样，牺牲对闲散的追求转而支持劳动才是切实可行的。

闲散即自私

马克思采纳了黑格尔的一种论点：受直接需求驱动的劳动不具有社会性。这种劳动创造出的产品仅仅能满足生产者本身的需求。他写道："对他自己来说，由于生活在原始、野蛮的状态下，因此产品产量由他的直接需求**程度**决定，且需求内容**直接**反映产品。"[29] 但与黑格尔不同，马克思的理论侧重于理解资本主义条件下劳动的破坏性倾向。这一侧重广为人知，也解释了他与黑格尔派哲学家迥异的观点：野蛮人的自私自利与现代劳动有着本质的相似性。从以下层面来衡量，这样的观点是立不住的：毕竟，野蛮人并非过着独居的生活，而且他是有机会闲散的。然而这两种生活在一个关键方面还是有相似点的——缺乏表现向度。如黑格尔所认为的，野蛮人根据直接需求决定工作内容，丝毫不希冀给他人留下印象，或在世上留下自己的痕迹。从这一特殊角度考虑，他的工作不求表现——工作不能体现任何有关其自身的特质。麻木漠然的劳动者所想到的只有生存，且他们对其所生产物品应遵照的计划没有任何话语权。他们无法让自身价值通过劳动产品展现出来。如同野蛮人一样，他们也无法像黑格尔认定的那般出来抛头露面。他们生产的产品进入市场，满足那些几乎不会礼尚往来的人的需求。野蛮人默默无闻，从某种意义上来讲，现代劳动者同样默默无闻，因为他们的特质可能无法凝结在其生产的物品上。那么从这个意义来看，现代劳动者却重返野蛮人那贫乏的、默默无闻的生活状态。

马克思在文章中列举了一种理想状态，在其中工作脱离了野蛮的倾向："我在我的生产中物化了我的个性和我的个性的特点，因此我既在活动时享受了个人的生命表现，又在对产品的直观中由于认识到我的个性是物质的、可以直观地感知的因而是毫无疑问的权力而感受到个人的乐趣。"[30] 这篇文章会让人时不时想到黑格尔的需求系统：凭借满足他人需求赢得对自身地位的满足感。而马克思对生产的论述更进一步——从**情感**层面唤醒人们满足他人需求：这与对他人的关心联系紧密。他写道："在你享受或使用我的产品时，我直接享受到的是：既意识到我的劳动满足了人的需要，从而物化了人的本质，又创造了与另一个人的本质的需要相符合的物品。"[31] 正因如此，马克思的理论似乎带有传统利他主义的特征。生产者与消费者之间的相互关照，远远超越了黑格尔为寻求认可而进行默契交换的概念。黑格尔的关系系统所认可的是，即便对彼此漠不关心，我们仍可以成为发展完全、富有成效的社会成员（虽然他将这个系统本身认作是"道德的"）。而马克思则认为，若生产缺乏效率，那我们就无法**真正**实现自我。

不足为奇的是，马克思极力反对以下两种立场：支持闲散，或不经意敞开容纳闲散存在的社会空间。

他与恩格斯合著的《德意志意识形态》一书对闲散发动了最为猛烈的抨击，当时他们是在反驳麦克斯·施蒂纳[1]对共产主义的攻击。[32]施蒂纳狭隘而语带挑衅地维护独立个人的价值，反对自己眼中共产主义社会中的相应价值。马克思和恩格斯在书中引用了一大段施蒂纳的话，内容是说"真正的幸福"这个概念具有"宗教专政"[33]的特征。在施蒂纳看来，它被奉为一种"真理"，不管信服与否，每个人必须接受。他坚信，在共产主义者尊崇的美好社会中，"真正的幸福"一定蕴含"通过诚实劳动获得的享受"。换句话说，只要在一定程度上勤恳劳动，享受也可算是为社会所接受的。但是他担心，这会使那些更渴望"享受闲散"或懒散（懒惰）[34]的人丧失生存空间。施蒂纳的理论建立在令人生厌的"食利者"的例子上（结果引发近乎痛斥的强烈抨击）。他叹息：他们"惬意的闲散"受到共产主

---

[1]　青年黑格尔派分子，著有《唯一者及其所有物》。

义普遍价值的威胁。马克思和恩格斯澄清：共产主义并非仅仅以"通过诚实劳动获得享受"为目的而改变世界。他们坚信，这种享受仅仅是中低阶层人士的幻想，"惬意的闲散"这个概念也是如此（这种奚落的言语无疑已体现在杜威的范式中，即"一个真正民主的社会，其中所有成员都有效地服务他人，也都享受有价值的休闲"）。[35] 二人还认为，这体现了施蒂纳的思维无法超越织成他个人世界的社会关系网。施蒂纳用于削弱共产主义普遍价值的例证是失败的，因为他幻想"食利者享有的社会地位是其快乐幸福的唯一源泉"。[36] 施蒂纳哲学理念上的苍白，阻碍其认清这个道理——单维自由主义否认阶级关系促成我们的选择。

马克思和恩格斯二人对施蒂纳的回应难以算作定论，因为其依附于对以下概念的重申：存在一种与阶级利益无关的更高层次的幸福；而施蒂纳一如既往地嘲弄这种想法具有宗教色彩。他提出的反例引出了以下问题：闲散是否终归属于某个特定社会群体？他所谓的闲散，似乎与带有剥削性质的社会分工分不开。但我们知道，这只是其中一种情形而已。有意思的是，马克思和恩格斯似乎也没能看到除此之外的情形。他们给出的选择有限：要么是"惬意的闲散"，即施蒂纳提出的不攻自破的概念；要么是某种只能从工作而非闲散中获得的欢乐（我在后面会讲）。"诚实获得的悠闲"这个概念属于这样一个世界：受到认可的娱乐是对可敬的工作的奖励。但在这个世界中，工作是痛苦的经历。马克思和恩格斯认为，"诚实获得的悠闲"植根于当代"工作与享乐的矛盾"中。[37]在他们设想的新社会中，这一矛盾将消失。而致力于改革的人们，就是为了消灭既令人痛苦又无益于社会（对劳动者和生产者都无价值）的工作，以及随之产生的（同样无用的）逃避现实之人而奋斗的。

施蒂纳对闲散的袒护，很容易成为马克思社会批判的对象。不过马克思似乎也曾被容忍闲散的理论困扰，无论这些理论多么有进步性。在《哲学的贫困》

中，他引用并详尽批判了约翰·F. 布雷[1]善意的建议：向完美而公正的社会主义社会过渡。他提出，要使社会主义社会正常运行，需转换资本主义状态下的思维。然而，当代伦理规范向平等社会的规范过渡，不可能一蹴而就。一个摆脱资本主义常见罪恶的、受严格管控的系统，是过渡到自发生活的社会主义前的一个重要阶段。布雷的过渡理论排除了剥削劳动、通货膨胀以及工人竞相争夺高薪等情况。个人可以依照自我意愿自由选择或多或少的工作量，每件都"取决于他自己的尽力程度"（马克思引用的原话）。[38] 不过，马克思也提出，由于这一系统极为严苛，它激发了人们对闲散或懒惰的向往。该系统纯粹基于对公平交换的劳动量的计算——你的劳动是为我服务——或产品的等值量，即每个产品的价值由制造它所需的劳动量决定。但为何"闲散"就被视为理论缺陷呢？

---

[1] 英国空想社会主义者。

马克思对布雷批判中的隐含之意是：在工作仍未达到社会化的情况下，人们没有动机完成高于最低量的工作。在那种社会里，我们既有爱心为他人奉献，同时又希望凭劳动产品实现自我价值。消费者对生产者提供的产品感到满意，由此使生产具有一方面的意义（其他方面的意义包括通过培养人的创新技术与能力，为自我实现创造空间）。与公平交易或完全对等不同，社会生产没有那种冷漠性。因为前两者不受经济利益的驱动，且有关工作的决定和生产方式超越了精明算计。

这就让我们重新审视了马克思对布雷的批判。或许布雷的模式没有资本剥削和价值夸大的风险，但其缺乏马克思所设想的激励作用，结果是劳动者仅仅思考应完成多少量的工作。马克思似乎有种言外之意：这样带来的道德危机是完成得越少越好。他举了一个例子来反驳布雷的理论："假定皮特工作 12 个小时，而保罗只工作 6 个小时，在这种情况下，皮特其余 6

个小时就会空出来。他该怎样处理这 6 个小时的劳动时间呢？"[39] 若社会中的劳动与个人幸福和交际直接相关，那么就不会出现这个问题。因此，为解答自己的问题，马克思提出如下假设以供选择：若缺乏恰当的社会意识，就会出现逃避工作的情形，由此就带来了闲散，就算它可以接受，也没必要出现。马克思认为，皮特要么继续把另外 6 个小时干完（虽然什么回报都得不到），要么他会更明智地放弃这 6 个小时无用的时间，并"继续闲上 6 个小时以便取得平衡"，这样他就不会面临什么回报都得不到的境况了。[40] 同样，他可能试着把这些多余时间推给他人，但这段时间的接收者会面对同样的选择。在马克思看来，那些分配到额外工作时间却又无法合理利用的人，只不过休闲了几个小时而已。这就使拥有额外时间的人陷入可怕的境地——他"被迫成为游手好闲者"。[41] 这里说的"被迫"（原文是德语的"迫使"：zwingen），马克思意指这种无所事事中带有令人厌恶的强制或强迫因素。很难说为何他会这么认为，因为他承认那种环境中的工作本身是种可怕的经历："这个社会将在闲散中发掘幸福的最高形式，将把工作视为沉重的枷锁，不论付出什么代价都要将其打破。"[42] 从那种社会的视角来看，保罗似乎处于有利地位，他从一开始就没什么工作。然而，这个社会有其自身的竞争压力：尽可能"争相"变得闲散或懒惰。马克思认为这种情况是其自身的一个弊端。他不认为闲散的爆发对社会有什么好处。这是因为，他致力于使工作具有给予人们其他领域的各种自由和幸福的力量。

布雷的原理开启了一种更积极的世界观，实现这种观念并不难。我们可以想象：由于不会受到社会不平等的干扰，人们享有更高程度的社交性与更深层次的伙伴关系。社会团体中的闲散者（或至少是兼职工人）能够从中收获情感体验，这与马克思的理想工作模式中无聊的闲散者形成了鲜明对比。或许这些就是托尔斯泰笔下的士兵所享有的待遇。工作必然会是罪恶的，但其在我们生命中的地位将大幅降低，且这不仅体现在耗时上。更重要的是，工作将不再被视为一种获得成功或是享有他人认可的声望的手段。我们再也不会在闲下来的时候因碌碌无为、疏忽职守而感到心绪不宁了。若真有幸福和满足，也会是在别处得到的。而这些与马克思的理论格格不入，他认为，当闲散成为优于工作的理智选择时，闲散就会妨碍社会进步。

因此，马克思坚持强调工作在赋予我们个人和集体存在的意义方面的优越性。他在《政治经济学批判大纲》（简称《大纲》）中详细描述了一种有失偏颇的认识，即工作必然是令人不快的，必须为其牺牲我们喜欢的事。他还提到包括亚当·斯密等人默认的《圣经》中的诅咒："你必满头大汗才得糊口！"这种忧郁的观点认为工作是平静、"自由"和"幸福"的绊脚石。但斯密却没有认识到：工作要求我们付出的努力是有价值的，价值成就了"自我实现"。当然，绝大多数现实中的工作打击了一切有助于劳动者发展的积极性。不过，不应总把为工作付出的努力当作痛苦的体验。若工作涵盖的内容之一是努力，那么努力本身也将为理想的工作添砖加瓦。当自我实现成为可能，工作就变得"令人神往"，但马克思主张不要以"娱乐"或"消遣"等微不足道的形式进行工作。相反，他认为"可气的，也是最棘手的是，要求献出最高强度的努力"的工作能够彰显我们的自由。[43] 这样，为工作奉献的努力恰好站在绝对自我牺牲的对立面上。马克思曾认为，传统工作需要残酷的自我否定。他写道，劳动者"不肯定自己，而是否定自己"，他"克制肉欲，摧毁自己用感性区分辨别事物的能力"。[44] 工作场所的规则使劳动者十分明确这一自我否定的需求。不过有一种积极的自我牺牲，抹去了本不应构成我们生命组成部分的东西："似乎牺牲休息就是舍弃闲散，舍弃不自由与不开心，也就是否定消极状态"，这样，我们就会迈向"积极、富有创造性的活动"。[45]

我们已知马克思对闲散的批判，并非基于职业道德或对人类堕落的担忧，不过其道德指向不言而喻。道德衡量下的"好"是人类社会的福祉。这样的理想社会，恰好是每一个个体都有机会发展壮大的空间，因此个人和社会整体完美地和谐共生。闲散的吸引力就是对自私的渴求。有的人兴奋地畅想全部生活都被工作填满的前景，他们的奋斗崇高无比，他们的疲惫无可指摘。对这类人来说，马克思的主张同样无可指摘。在他们看来，世上没有闲散的乌托邦。伊甸园般的快乐，被在工作中找到乐趣的自我感受所取代。大多数人都认同马克思关于美好世界的这一独特愿景，而对某些人来说，这一主张的说服力并不够。他的观点含有以下承诺：只要工作内容富有创造性，再艰苦的工作也可成为快乐之源。然而，维持高强度的工作难以让所有人认同。就如黑格尔提出的充满"认可"与"看法"的世界施加给人不懈工作的压力一般，马克思为了推动人类奋进，试图说服我们唯有通过共享权力所得到的快乐才是真正的快乐。而为了让理论能自圆其说，马克思必须否定休闲也有其乐趣。于是他试图给这种乐趣泼冷水，将其与被资本主义扭曲的世界的罪恶相提并论。从那种扭曲中解脱出来的体验在崭新的未来等待着我们，而闲散是阻碍这一愿景到来的敌人。不过，以为工作竭尽全力（作为推测性概念的更深层社交对我们的要求）的名义牺牲本就不多的休息和快乐，这明智与否？闲散者和反对高强度工作的人对这个问题抱持疑惑。

第三章
无聊的挑战

对闲散最普遍的担忧是它会很快让人陷入无聊。根据这种看法，人在任一持续时间段中被漫无目的、无所事事的想法所吸引，都是臆想出来的。经验告诉我们，毫无目标的懒散必定让人心神不宁。康德曾试图解释这种匪夷所思的情形——我们渴望的生活方式其实反而是烦恼之源。他认为，闲散带来的无聊是一种"极为矛盾的感觉"，因为这种感觉是我们"好逸恶劳的天性"造成的。他提出，我们偏爱"百无聊赖的无所作为"，但这一状态终究会让我们焦头烂额，因为过不了多久，无聊就会袭来。最终，我们会想方设法打发时间，避免无聊，但这样我们就不再处于真正闲散的状态。就这样，我们"欺骗"自己受误导的"倾向"，去追求"闲散的放松"。[1] 我们可以告诉自己只是想闲散而已，但会不由自主地做这做那（通常都是做些微不足道的小事），从而背离了闲散的初衷。闲散慵懒地放任光阴的流逝，终究抵不过投身于眼前的工作或接到新工作时的冲动。我们如此频频地听说因不工作而无聊的体验，以至于认为它是人类不变的心理状态。

然而，这种近乎将无聊与闲散合二为一的做法，并非如其看起来这么简单。毕竟这是两个不同的概念：无聊是种心理或情感状态，而闲散则是种行为方式。另外，无聊并非闲散的必然结果。对闲散的种种谴责，尤其是哲学界担心闲散对自我建构与自主性漠不关心，基于这样一个着实恼人却又真实的可能性，至少有人能完全安于闲散而不受无聊的侵扰，但这并不是说对闲散招致无聊的抱怨是胡说八道。的确，与我们目前探讨的哲学家们针对闲散趾高气扬的批评相比，这种抱怨更有理有据。因为它似乎更符合人们的日常体验。本章的主要目标就是梳理出这种体验的根源。但，我们眼下面临的困难是：无聊与闲散相伴而生，这似乎是日常智慧的结晶。尽管对于无聊这一主题的研究不仅横跨数个学科，而且文献浩如烟海，但没有一个理论将其作为研究对象。在叔本华对人类情况复杂而广泛的论述中，有一项突出的哲学贡献，即厘清并很好解释了二者联系的必然性。本章的大部分内容将会探讨这些论述。

叔本华主张，正是对无聊的刻意抑制给了我们行动的明确目的。这些行动给人短暂的满足，以此让人感到宽慰。他提出了一个关于无聊的理论，这个理论尽数闲散的可怕，其根源就是基于我们对无聊的普遍反感。他的观点入木三分，抨击了把完全不同的无聊或闲散的情形混为一谈的做法。我们还会看到，他的观点同一种令人满意的人类行为的独特观点有着紧密的联系。我不是要通过揭示叔本华的理论贡献，进而改变我们对无聊及闲散的认识。我对他观点的批判是：人类常常认为这一体验植根于人类本性，但其实我们应更深刻地探索其生成的社会根基。我们甚至会受其启发，进一步思考无聊作为一种历史现象、"一种创造"，就像帕特里夏·斯帕克斯[1]提出的："它在不久前才变得有用且必要。"[2]毕竟，无聊可能不是一种由基本生理因素决定的情绪，而是受历史背景约束的人类自我理解的过程。也就是说，无聊这个概念的发展历程，与人类为自身经历赋予意义的努力密不可分。奠定现代社会种种经历的基础是勤勉以及无止境的自我升华的价值观。或许，正是这些价值观源源不断地为摧毁闲散的无休止努力注入了力量。

---

[1] 美国文学评论家，曾对"漫谈""无聊""独处"等社会文化中充满贬抑色彩的高频词进行历史研究，批驳词语误读催生出的消极文化，劝谏人们树立正确积极的人生观。

对于将闲散与无聊相结合的现象，我们还得将性别问题考虑在内。有些哲学家曾尝试让我们相信：女人无须挣脱无聊的闲散。从某方面来看，这种诡异主张的动机太过阴险露骨，我们心中自然有数。那种理由很容易得出不假思索的结论。要回应这种女性无须努力的偏见，我们将审视波伏娃提出的"闲散女人"这一概念，那么维护闲散最棘手的挑战就出现了。波伏娃揭示了闲散与自由相克而生的一种情况，即某种类型的婚姻制度。在这种制度下，闲散从根本上限制了女性追寻价值的能力，这着实令人痛心。女性体验到的并不是闲散的自由，而是无聊。

在开始本章的内容之前，先搞清楚"什么是无聊"，这会有助于后续内容的展开，因为若是混淆了无聊的各种含义，就会对其后果和影响生出莫名其妙的结论。我们从无聊有几种表现形式开始讨论。仅仅基于年轻人在学习环境中的表现（这着实让人失望），就能通过实证研究确认五种类型的无聊。第一种是"事不关己的无聊"，其特征无伤大雅，如"放松而快意的疲乏""对外面的世界无动于衷，避而不应"。第二种是"标准型无聊"，它似乎更易为人接受，无聊主体的"思绪天马行空"，对应做的事不过多考虑，但也毫不排除可能改变其现状的可能性。第三种是"探索型无聊"，带有一丝不安的味道，无聊主体积极探寻可替代眼前生活的方式。第四种是"反应型无聊"，似乎是"探索型无聊"更激进的形式，那些无聊主体不仅畅想其他情形，还积极地希望逃离现状。最后得出的第五种是"麻木型无聊"，其"觉醒程度低"，且"这一情感类型更近似于清醒的无助或沮丧"。[3]以上五种无聊中"事不关己的无聊"和"标准型无聊"两种，似乎恰恰暗示了闲散的自由特质。鉴于无聊往往不被看作令人满意的状态，因此这点是值得重视的。这里似乎有种误判，因为我们讨论的经历并非真正的无聊。或许更准确的结论是：相关主体没有像他们被期待的那样（在教室里全神贯注地学习）受到激励，而是神游太虚。从教育的角度来看，这或许就是在浪费时间，但年轻人确实感到舒适安逸，这很难说是无聊的。

拉斯·史文德森[1]提出了更为有力的方法。他将无聊分为四种类型："情境型无聊，产生于人们在等人、听讲座或乘火车的时候；餍足型无聊，产生于个体厌倦了同一件事情，认为一切都变得乏善可陈的时候；'存在主义'无聊，产生于人们内心一片空白，感到世界索然无味的时候；创造型无聊，产生于人们被迫创造新鲜事物的时候，这种分类主要由结果而非内容来决定。"4 尽管描述的原因各不相同，前三类明显让人不太舒服。为了讨论指向闲散的无聊，我想将这种方法简化并稍加修改，但我不会因为树立了将其严格区分的界限而沾沾自喜。因为这些界限有可能随着情况紧迫性和描述技巧不同而变化。

既然"餍足型无聊"似乎是"情境型无聊"的实

---

[1] 挪威哲学家，著有《无聊的哲学》《恐惧的哲学》。

际应用，而非一种独特的无聊，而且"创造型无聊"似乎根本不是一种无聊的体验，所以我会将它们暂且搁置，下面仅探讨我称其为"环境型"无聊（也就是厌烦），以及"存在主义"无聊。目前我们听说过的所有无聊类型，都没有提到痛苦的厌烦经历，而这些经历或许代表了无聊最令人反感的特征。这种情况我称之为"环境型无聊"，其发生条件是：个体被剥夺了做喜爱的事的机会，同时被迫要完成根本不感兴趣的任务。在这些情况下，我们十分清楚是什么让我们感到无聊，且盼望着一旦某些情况发生改变，我们就能从无聊中解脱出来。这种类型的无聊显然与他人描述的情境式无聊相似，但鉴于"厌烦"是其核心因素，或许换个名字能避免混淆。对于无聊带来的厌烦，彼得·图希 [1] 总结了以下特征："冗长持久""可预测""约束"。⁵ 至于持久，我们或许会认为有些最无聊的经历

---

[1]　加拿大古希腊罗马学家，著有《无聊：一种情绪的危险与恩惠》。

虽然仅持续片刻，但却让人迷惑，觉得那种约束会永远存在。的确，若像詹姆斯·格莱维茨[1]主张的那样，把这种无聊感的特征归纳为约束，那么它就可以与餍足性无聊相区分："餍足感发生在主体自觉抵制工作的时刻，若主体感到餍足之后仍被迫完成手头的工作，无聊便产生了。"[6]在某些情况下，餍足的时刻也许来得很快。从这方面考虑，若人们有自主选择的机会，那么他们就不会真正感到无聊，除非否认他们自由选择的权利（这种否认是无聊、令人不快的核心要素）。这种依靠沉思或遐想摆脱现状的能力，使前文那些闲散的学生从无聊中解脱出来。

有一种含义暧昧的无聊频现于生活，从原则上来讲，它与乏味是有区别的。这种"存在主义"无聊，就如史文德森和其他人提到的，它不一定持久，也不一定由生平经历所决定。有时，我们的判断可能受到

---

[1] 美国心理学家，研究领域为人类的动机和情感。

某种心绪的影响，使我们相信生活索然无味。同时，我们也不清楚哪些是自己真正所爱。我们缺乏动力，也没有能力发现有趣的活动。因为"存在主义"无聊限制了我们的所有想象力。或许，将这里描述的东西称作"存在主义"是有些夸大，也许它只是一种稍纵即逝的心理状态。它以短暂而难以名状的方式，给无聊的承受者留下无事可忙的厌烦感。然而，当我们这般无聊度日时，就会怀疑生活的价值。这是一种消极的、麻木不仁的状态。从本质上来看，这种无聊似乎与"厌倦"——从美学上看意义重大，属于社会精英阶层的现象——类似。这是一种与外界逐渐疏远的经历，其中，"世界渐渐失去它的意义"。[7]我们找不出这种无意义的原因，因此也无法从情境条件或环境的角度予以解释。

环境型与"存在主义"无聊在认知上显然存在深刻差异：前者明白什么能够缓解无聊，而后者却不清楚。在影响层面二者也存在明显不同。环境型无聊或厌烦的典型特征是焦虑：渴望逃离环境迫使主体做的事。从脱离约束的角度来看，也许存在许多其他值得渴盼的可能性。相较而言，"存在主义"无聊的特征则是沉闷的萎靡不振。它不会让人心平气和，因为与其紧密关联的人们会被这种无聊所困扰。我们平实的语言将这两种不同形式的经历描述为无聊，这似乎有误导性。我们渴望打破无聊却无法实现，挫败感油然而生。其中的压抑感，或许是两者的共同之处。许多理论家普遍认为无聊带有治愈性。这一论点始于一种乐观的理念：人类机体会自动调节整体健康。根据这种方式，那么无聊具备一种功能：它富有教育价值，因为它使我们洞悉什么才是有意义的。所以，无聊是种有价值的体验。[8] 若非如此，我们就不会热忱地接受无聊，将其视为"一种具有调节功能的情感"，"让我们健康"（乃至成功），因为它使我们警惕"不利于心理健康的状况"[9]。然而，这一积极的理论在多大程度上适用于无聊而非厌烦的经历，目前还不明确。上面已提到，无聊具有认知的性质，它告诉我们什么是环境中无法容忍的事物。

叔本华论休闲之不可能

一

对叔本华来说，无聊并不代表行为失当。因此不可将其理解为丰富自我认知的机会。其实，无聊是对痛苦的存在空虚感的直接体会。它让我们难受，迫使我们行动起来，但我们之所以行动，并非像通常认为的那样以赋予生活意义为目的。相反，我们的行动仅仅是为了摆脱无聊。这一基本思想推动叔本华对人类行为进行复杂的论述。论述中还解释了人类为何无法忍耐闲散（作为对人类本质的假定事实）。在他看来，闲散必定导致无聊。显然，担心闲散是通往无聊的必经之路的人，不仅只有叔本华一人。不过，他对二者联系的解释鞭辟入里，独一无二。不仅涉及关乎人类心理的理论，还包含对人类如何摆正自己在世界的位置的描述。

在探究叔本华的理论时，我们将看到：其说服力很大程度上源于一个有关人类性格的更受推崇的理念。他致力于把观察到的所有人类活动都归于**意志人**（homo volens）[1] 的概念中：人类本质上是有欲求的动物。他坚持认为在这一模式下，我们只能享受片刻的闲散，因为欲望是人类最强大、最占优势的动机。叔本华在探讨几种形式的体验时，竟承认了这一观点的难以置信——这样的体验恰恰逃脱了永不停歇的不满足状态。最重要的一点是，叔本华认为闲散与无聊的关系并不存在历史性。他没有考虑是否存在某些特定的历史条件增大了二者相互联系的可能。他也从没有提出过这个疑问：某些社会价值观的存在，与我们天生不满足的这一"事实"之间是否存在某些联系？在他的其他理论（主要是对犬儒主义的探讨）中，他再

---

[1]　哲学术语，与理性人（homo rationalis）相对。

次含蓄地意识到的确存在一些生活方式，顺利地脱离了专横的成功准则，也因此卸下了工作与获得社会地位的负担。从这方面看，他的哲学似乎有一个挥之不去的议题，即人类能否从社会，而非自然的压力——勤勉、高效、受认可的要求下解脱出来。而他对此给出了自己的答案。

叔本华认为生活的基本状态就是痛苦。这个观点显然与他的另一个观点紧密相关，即生活的本质是空虚的。引起痛苦的，既不是个人不幸或选择失误，也不是历史力量。造成痛苦的根源就是我们的本性。我们的心理倾向就是如此被造就的——痛苦是根深蒂固的存在。他坚持认为，我们常常不可控制地使自己处于绝望状态。不愉快的经历不一定比快乐的经历更丰富，但它应被理解为正常的而非反常的经历。叔本华认为，这就代表我们应把痛苦当作生命的本质状态。从这个意义上来讲，痛苦是"积极的"。或许我们时常会否定或逃避这一"积极"事物，尝试用各种方式转移注意力，但那些消极状态——短暂的满足——会转瞬即逝。它们会暂时干扰我们，模糊生活状态的真相——人生并不一定是幸福的、有意义的或宁静的。它们顶多用这些特征来掩饰自己。叔本华非常详细地描述了这一人生图景。

据叔本华的说法，无聊成于无目标的欲求。我们占有了渴求之物后，欲望并不会偃旗息鼓。我们会继续欲取欲求，但有时并不知道自己想要的是什么。这种空虚的欲求带来的创巨痛深。他解释道："确实，即便到了最后，所有希求都已餍足，但希求本身的压迫会持续存在，即便没有任何动机。这种压迫会让人陷入一种凄惨空虚的恐怖之中。"

叔本华还把这种体验描述为"可怕的、要命的无聊，一种了无生气、漫无目标的渴求，一种压制人的倦怠"。自我管理的一大困难，就是想办法发现激动人心的挑战，用它们填满生命。叔本华认为，因为无聊"总是等着去填补焦虑腾出来的每段空隙"。[10]

人类行为的循环

　　叔本华认为，正常人类生活是一系列持续的循环。而促成这些循环的则是某种出于"意志"的追求（或可称为动力）。概略地讲，叔本华认为意志是种万物都具备的生命力量。正是这种力量扰乱了我们追寻宁静安逸的心。在我们看来，这些循环包含数个阶段，而这些阶段组成的生命进程是不可逆的。叔本华言之凿凿地提出，循环的第一阶段是欲求，紧接着是追逐，随后是满足，最后是新的欲求。然而，若得到满足后没有出现新的欲求，我们就会陷入无聊。叔本华如此说道："关于人的本性，有一点毫无疑问，即他的意志是有欲求的，旧欲求一旦满足，便会追求新欲求，永无休止；实际上，人的快乐和顺遂仅存在于从欲求到满足，再到产生新欲求的过程中，这一过程持续时间很短。得不到满足便会痛苦，寻不着新欲求，便会倦怠，便会无聊。"[11] 闲散即一种了无兴致的状态，从体验上来说便是无聊，无事可做，而非愉快的休憩。叔本华这里描述的，似乎是我们称为"存在主义"无聊的一系列内容。在这种状态下，缺乏能调动我们兴致的事，我们会觉得什么都不值得去做。我们知道，只要开始做事便能消除这种折磨人的状态，但我们也清楚，自己不愿去做任何事，无论这些事就摆在眼前还是出于他人建议。而这种抵触，或许便是情绪本身。

叔本华有时会用"意欲"一词来描述人类行为循环（实际上是宇宙中所有力量的周期）的一般过程以及更具体的欲求。为避免混淆，在将意欲作为循环的阶段之一分析时，我们会改用"欲求"这个词。在叔本华看来，欲求是对某个具体事物的强烈渴求。然而，欲求本身就是痛苦，因为欲求之物必是未得之物。叔本华深知欲求不满的痛苦。他写道："欲求由需要、缺乏、痛苦而生。"[12]叔本华认为欲求的目的性本质——追求某个目标，使我们长久地寻寻觅觅。而在努力得到欲求之物的过程中，无聊便烟消云散了。

然而，叔本华把欲求理解为排解无聊的手段，多少有点儿令人费解。他认为只要有所欲求，便能最终摆脱无聊（无目标的意志）。而欲求本身，却是痛苦的另一种形式。用他的话来说，欲求"只不过是改变了痛苦作用于我们"的"形式"罢了。[13]闲散无聊之人心猿意马，无处停歇，而一旦有了欲求，便有了目标。没有目标反映了主体的存在缺陷。两种状态都因缺失而有痛苦，只是形式不同罢了：前者缺少欲求的对象，后者缺少有欲求的生命。叔本华认为，欲求和无聊是促成人类"活动"的双重力量[14]：所有生物都会有所追求，而对无聊的恐惧会让他们永不止歇。

然而，从无聊转向欲求的想法似乎会把人引入歧途。从表面上来看，欲求本身作为痛苦的一种形式，不会是无聊的解药。试问，无聊是最糟糕的体验吗？比叔本华眼中因欲求得不到满足而生的痛彻心肺的缺失感还可怕吗？叔本华最根本的论点是：人类忽视了驱使我们工作的动机与原则。我们误认为自己具有闲散的潜质："内心懒惰"，渴望欲求的"止歇"。在叔本华看来，为了生活在心满意足的闲散状态，"人类自身必须发生根本性的转变，因此他不会再像从前那样，而是变得与从前相反"[15]。闲散与我们无缘，这一事实是由我们的天性所决定的。因此，叔本华对"欲求是排解无聊的手段"这类问题的回答将是：我们总是被迫追求使自己痛苦的事，即便清醒却天真地给其冠上幸福之名。他的原话是："每一种无节制的快乐（欢欣、特别的幸福）总是建立在我们在生活中发现了一些根本无法满足的东西的错觉上，即对不断滋生新事物的痛苦的欲望或关怀的永久满足。"[16]按照他的说法，一种新的欲望是这种错觉的更新。它并不是有意将目标锁定在被证明是暂时的满足上。

叔本华认为，随欲求而来的是**追逐**欲求目标这一愉快而引人入胜的经历。处于这一阶段的人们期望能够实现目标，至于实现目标是否可行则并不在考虑之列。一旦追求圆满达成，**满足**的喜悦就会油然而生。叔本华认定这种愉悦感及与其密不可分的追求经历都是"消极的"，因为它们否定了根本且"积极"（既空虚又痛苦）的生存状态。经历痛苦的欲求之后才有幸福，当追求与获得的满足告一段落后，痛苦又会再度袭来。目标一旦实现，其价值也就烟消云散了："目标的达成会迅速引发餍足感；目标只是表象，一旦被占有，便会失去魅力。"[17] 我们赋予目标价值是大错特错的，因为幸福几乎仅仅存在于我们努力实现目标的过程中。不论是什么目标，其本身都没有价值。这与叔本华另一个更普遍的论点一致：内在的"好"是不存在的。哲学家伯纳德·雷吉斯特指出，对叔本华来说，若"我们存在世界的任何事物都有其'内在'价值，那么将其占有便是积极的好事，而非仅仅摆脱了欲求所招致的痛苦"[18]。这与叔本华世上不存在积极的"好"这一观点相悖，因为，在叔本华看来，唯有痛苦才是有积极意义的。所有那些我们自认为的价值都无关本质，完全源于我们的欲求。我们之所以努力追寻目标，只因想要摆脱无聊的闲散。叔本华举例说明了这些外在价值，其中比较重要的便是愉悦感官和寻求尊重。

叔本华知道，我们可能会迅速由满足转向新的欲求。人类行为的循环不停地周而复始。不停工作的人当然不会闲散，也不会觉得无聊。对某个目标感到满足，可能激发其进一步的欲求，尽管这与叔本华不存在内在之"好"的想法相悖，抑或若是幸运的话，会催生出对全新事物的欲求。无论以哪种方式，循环都会顺利运行，从而维持幸福这一消极状态。叔本华写道："幸福与顺遂仅存在于从欲求到满足，从满足到新的欲求的过渡阶段，而这个阶段非常短暂。"[19] 然而这种过渡不是必然发生的。叔本华认为，即便当前有着满足的经历，将来未必会继续幸福。若欲求无法迅速锁定新的目标，那么闲散和无聊会立即展开攻势。无聊迫使人们逃避，而唯有无聊因此得到排解时，逃避才有其价值。人类社会本身便是不受任何理想驱动的消遣的典型例证："无聊……使人类这一毫不互爱的物种如此迫切地相互追求。无聊，便是人类社会性的根源。"[20] 但此外，也有些没那么崇高的情形。与那些知道如何利用自己闲散时间的人不同，"懒散无知[1]的人"由"琐碎动机"驱使。"没有头脑的人"只知道最简单的消遣方法，例如，"喋喋不休地谈论着在自己掌控之中的事物"[21]。

无聊是不可避免的吗

叔本华认为在闲散中不可能找到快乐，即人类行为的循环之外不存在快乐体验。我们倾尽全力追求"难得的闲散"，随后却发现只有无聊和"苦闷"。人们渴望闲散，因为闲散似乎能把我们从外界的要求中解救出来，使我们"拥有"自己。然而最终它却给我们施以"重负"，因为它每时每刻都与我们天性中的不安分发生冲突。[22] 然而，这种不安分似乎与我们生命中许

---

[1] 原文是德语：Muße，原意为"闲暇的时间、机会"。

多体验不相符。奇怪的是,叔本华在对人类行为的研究中并没有提到恒久的快乐。就像哲学家伊万·索尔所说,叔本华总是把满足与餍足相混淆。[23]满足的体验并不一定让人厌腻。亲密的关系、拥有美好事物而感到的纯粹愉悦都属于恒久的快乐。不过,任意一种体验都可能是闲散的。它们没有特定目标:其本身就让人喜悦,不追求实际效益,无须殚精竭虑,也不会轻易沦落为"消遣"。叔本华不是忽视了这些体验,就是把它们当作一系列独特的愉悦感组合而成的:这些愉悦感彼此相继,没有什么特别之处,只是在这种情况下,这些愉悦感有着相同的目标。若这就是叔本华对恒久快乐的看法,那么我们根据经验就能判断它显然大错特错了。当他鼓励我们改变自我与外物的关系时,叔本华其实发表了许多对美的见解:美学体验需要屏气凝神,与日常拼命将世界占为己有的努力截然相反。但一谈到无聊时,他的分析却一字不提美学。因而我们只能从中看到他的这个主张:这些体验有着确定无疑且令人望而生畏的终点。

　　还有一点值得一提，叔本华在研究时试图通过忽视无聊现象本身的关键内在区别来证明闲散与无聊之间联系的必然性。他所谓闲散给我们施以痛苦负担的说法，似乎来自他所认为的闲散，即厌烦。这一点在他为揭露闲散的迷惑性外表而提出的例子中得到了体现："通过利用寂寞和闲散，费城严格的忏悔院系统使无聊空虚成为惩罚的工具。这种惩罚工具太可怕了，以至于囚犯们纷纷选择自杀。"[24] 这例子显然比它看起来的要复杂得多。首先，它与无聊是种空虚的意愿并不吻合。受苦者在认知上并不愚昧，也不追求消遣。囚犯们心里有明确的目标：离开监狱重获自由，或者有他人陪伴左右。换句话说，这个现象并不是空洞的欲求，而是环境不允许达成意愿中的客观目标。其次，闲散在这种情况下演变成"环境型"无聊所带来的厌烦感。结果叔本华把对被迫闲散的恐惧与那些漫无目标的情形混为一谈了。然而，在被迫闲散的情形中，给我们造成痛苦的其实另有其人（例如，狱卒）。

叔本华认为，实际上任何激励性欲求的缺乏——空洞欲求的体验——都会使我们陷入下面的情形：感到某种近似厌烦的压迫。这种体验是由意志的压力造成的。一旦行为的循环告一段落，我们无聊闲散时所承受的压迫感并非真正源于外界强加的环境，如孤独的禁锢、重复的任务、烦闷的交流等。理想活动的缺乏的自我反应产生了这种压迫感。从这个层面来看，我们才是自身痛苦的始作俑者。这种痛苦源于人类对活动的盲目渴求。

我们已经了解到对这种活动的渴望（意欲）完全是内在的，但叔本华漏掉了动机背后一个更可靠的原因。之所以说它更可靠，是因为与叔本华自然主义的思想相反，它与闲散并不必然招致无聊的现实相吻合。当我们闲散时，就远离了那些最重要的进取心，也就是叔本华主张的提升社会形象、赢得他人尊重等，"（人的）愚昧可达到这种地步，以致他人看法竟成为每个人努力的主要目标，尽管"虚荣"一词的原意几乎在所有语言中都代表空洞和虚无，这就已经说明这种做法毫无意义了"[25]。若尊严对我们来讲具有持久的重要意义，那么，我们可能会感到纳闷：为什么会出现这种欲求空洞的体验？最有意思的是，叔本华把我们的努力与社会成就的博弈联系了起来。我们能从中得到一个推论：如果人类对这项博弈的热情骤减，可能同时会削弱我们不安分的倾向。这正是因为前者打消了因无聊感到心神不宁背后的动机。

虽然叔本华没有提出这一结论，不过至少他公开表示过这种心神不宁的状态其实是由意欲而非世上任何现象所造成的。如果回忆一下黑格尔的种种主张，尤其是关于有用和实践教育的主张，就会对叔本华提出的空洞欲求有另一种理解。黑格尔认为，适当社会化的个体有那种使自己有事可做的自我延续的需求。如果他说的是对的，我们便可以进一步设想当这一需求没有得到满足时，无聊就会涌现。毕竟，黑格尔主张只有未社会化的野蛮人才会无忧无虑地闲散。然而，叔本华却将研究转向于他看来与历史社会条件毫无关系的事实。我们必须看透"无穷变化及其带来的混沌与纷乱"的表象，转而分析"相同、同样、亘古不变的本质，它从古至今始终如一，未来也不会改变"[26]。

尽管提出了这一本质主义思考，叔本华却承认逃脱空洞意志的痛苦是有可能的，可通过使自己从社会期待的压力中解脱出来实现。他赞扬犬儒主义的教义，欣赏他们公然"反抗"幸福施加的"古怪伎俩"，以及他们对欲求强加给人的痛苦的深刻洞见。[27]犬儒主义者认识到，幸福并非来自追求欲求，而是来自抵制欲求。这似乎与叔本华对生命可悲的循环的整体看法相一致，但从另一方面来看，这是一个让人惊讶、自相矛盾的妥协——它承认如果放弃常规的快乐形式，我们就可能发现某种幸福。人们可能以为犬儒主义者的生活暗淡无望，挣扎在对快乐无休止的抵制中，但实际上，叔本华却告诉我们，他们的生活完全不是人们想象的那样。的确，他所描述的看上去是一种无拘无束的闲散状态："他们将时间用在休憩、闲逛、闲聊上，用在嘲弄、说笑、打趣上。他们的特点是漫不经心、乐乐呵呵。"[28] 但这是怎么实现的？因为在放弃的同时，他们获得了"独立"。如果将这种独立视为可怕的禁欲主义的结果，那我们就很难理解犬儒主义者的快乐。他们所获得的幸福，蕴含着从根本上放弃对社会名望的追求（这也是叔本华在卢梭《论人类不平等的起源》中发现的建议）。叔本华是这么说的，他们"不工作"，且"没有自我目标，也没有可追求的目的计划，因此超脱了人类活动，同时永远享有绝对的休闲"。[29] 毕竟闲散是一种现实的可能性。它无疑对性格有所要求：愿意从推动我们在有序社会中前进的过程中解脱出来。但叔本华也承认，对这一过程的坚持不是必然的。实际上，我们可以对这些过程提出质疑，甚至可能从它强加给我们的要求中解脱出来，而且即便我们这么做了，也不一定会陷入可怕的无聊状态。

叔本华很清楚，那种他将其与挫败的欲求相联系的痛苦，实则与我们的社会化有关，而且我们完全有可能从那种挫败中解脱出来，就像犬儒主义者那样。这一思想推动我们进一步思考：在人类习以为常的社交方式中，我们承受了哪些类型的压力？我们知道，叔本华说过，一旦我们无所欲求就会无聊。这里的欲求是指能获得"他人看法"认可的手段。而对这种痛苦的应对办法，犬儒主义者已经告诉我们了：漠视产生欲求之需求的价值，进而脱离苦海。

叔本华承认在意"他人看法"实属虚妄，并赞同犬儒主义生活的深刻意义。我们之所以对其进行探讨，不是为了谴责他的自相矛盾，而是因为这些主张对我们来说是有用的——它们赋予我们质疑这一概念的方法：当我们处于闲散时，永远无法得到真正的快乐。尽管对于那些认为无聊是由闲散造成的人来说，这些主张无法改变他们的想法。但我们至少获得了一种思考方式，以此削弱支撑闲散与无聊之间联系的浅层必然性。必须让自己有事可做的心神不宁感，至少对一些人来讲，属于社会声望的要求。或许，从更深层的角度来看，它根植于教育和纪律反复对我们灌输的实用性本质。

波伏娃的闲散女人侧写

一

弗里德里希·尼采与索伦·克尔恺郭尔以不同的方式指出，在处理无聊与闲散的能力方面，女性与男性截然不同。他俩含蓄地表示，女性的内在属性使其拥有某种独特的能力，即与男性相比，女性能够对无聊泰然处之。这种能力让女性以某种男性无法实现的方式享受闲散。尼采与叔本华都持这样一个观点：人类是闲不下来的。但与叔本华不同，尼采显然发现了我们闲不下来的事实与人类社会的一方面（工作）存在着某种关联：

需求迫使我们工作，在工作中，需求得以缓和，而我们也因需求不断涌现而习惯了工作。但在需求缓和、近乎休眠之际，无聊降临了。这是何故？因为我们工作惯了，这一习惯成了额外的新需求；该需求使我们愈加习惯于工作，同时也加深了需求所带来的苦痛。为避免无聊，人们要么超额工作，要么玩乐——工作满足的只不过是对工作的需求而已。[30]

　　若工作习惯是产生无聊的条件，那么我们可能会将该条件当作分析的主体。然而，这并非尼采的本意。他主要关心的是人类在不受无聊干扰的状态下享受闲散的状态。至少他在一定的条件下视闲散为一种好品质，只不过仅隶属于那些在某种程度上克服了社会化的个体。从这个角度来看，那些能够闲散的人，应比那些仍受工作奴役的勤劳之人更胜一筹（因此，我们可以推断，这类人对无聊没有抵御能力）。为了"赞美闲散"，尼采宣称"休闲与闲散中蕴藏着某种高尚品质"。具体来讲，"闲散的人比那些积极奋斗的人更为优秀"[31]。

尼采怀着对女性惯有的敌意，主张闲散的女人没什么了不起，女性的闲散是由某种缺陷造成的。他认为，女性还停留在原始社会水平："许多人，尤其是女人，从未觉得无聊，因为她们还不曾明白如何恰当地工作。"[32]这似乎是说，其实有两种闲散：高层次的闲散，体验者以超强的能力使自己不受外界需求的影响；低层次的闲散，则归于缺乏教育的人（尼采没有说明人们是否会因缺乏教育而能平静地享受闲散）。支撑第二种闲散的假设在现代思想界很常见，我们也在探讨其他哲学家的思想时谈论过。这是两类不同的人，一种可以自我决定，另一种则不能。若后者的经历仅是他们无法掌控的环境的产物，那么即便与高他们一等的那类人的闲散有相似之处，也没什么值得赞扬或羡慕的。

尼采有关闲散的女人的概念，很有可能是指他所处时代的富裕阶层的女性，虽然他没有明确解释到底指哪类人。我们知道，那一阶层有许多女人不在外头工作，出于声望的考虑也不做家务活儿。在对其心怀敌意的人（比如尼采）看来，她们的世界似乎充斥着闲散。然而这种观念忽略了一个事实，用我们现在的话来说，即依附与屈从。此外，这种观念还忽略了另外一点：资产阶级女性煞费苦心打扮的需求掩盖了她们的闲散。

克尔恺郭尔——至少其《非此即彼》一书中的唯美角色——对上层女性的闲散深深着迷。他提出，女性同闲散珠联璧合，她们不会因之感到无聊。从这个角度看，女性同那些"永不停歇"的"蛮人"有着天壤之别。这些蛮人，特别是商人，争相参与世事，对被动体验生活毫无兴趣。他们永不停歇地奋力攥住机会捞取好处。由于缺乏闲散的能力，他们一旦停下与世相争的脚步，便会迅速坠入无聊的深渊。以克尔恺郭尔的审美观，似乎认为无聊与闲散是互相排斥的。

闲不下来的人必然会无聊，而懂得闲散的人就能免遭无聊之苦。为了支撑这个论点，克尔恺郭尔引用了"奥林匹斯众神"的例子，他们"从不无聊，快活地生活在幸福的闲散中"。他还指出，与粗鲁的商人截然不同的是，"美丽的女子，不做女红，不做烘焙，不读书，不弹琴"，却"在闲散中悠然自得，只因她并不无聊"。[33]

克尔恺郭尔复杂的论述引出了以下可能性：审美（唯美主义）颇有讽刺意味地盲目接纳女性的"闲散"，并天真地赞赏这种表象。同样（但不相悖），这个观点反映了他将几乎无法企及的纯女性形象在美学上进行了理想化。这种视角终将蕴含一种贬抑的看法：女性的光环来自其——从上述观点可以推测——不受教育和技能的约束。与"毕生都献给生意"[34]，终将堕入无聊的危险的男性商人不同，"美丽的女子"无事可做，悠然自得。克尔恺郭尔的论述描述了一个完全不为世事所动（当然也不受其塑造）的女子形象。她超越了凡俗乏味的工作与生意。多少有点讽刺的是，上面的说法显然十分理想化，而且仅仅涉及社会分工的表象。

无聊与闲散的女人

波伏娃并没有探讨过我们刚分析的论述。尽管如此，她对她称之为"游手好闲的女人"[1]（闲散女人）的描述揭露了闲散、单纯的美学形象的欺骗性本质。波伏娃的主要论点是：女性在婚姻制度中的地位是不平等的，由此造成了所谓的女性的闲散。她尤其对一种社会分工感兴趣：丈夫的经济优势代表妻子丧失了在外工作的理由。婚姻似乎使女性从工作中解放，并给予她们随心选择闲散的自由。然而在这种情况下，闲散（游手好闲）只有纯粹的消极意义，它并非指向一种超越世界空洞目标的满足状态。而且，鉴于其产

---

[1] 原文为法语：la femme oisive。

生的环境，闲散有一种强迫效应。它剥夺了妇女获得能力的机会，通过这种能力，她们能以波伏娃认为的真实的方式认识自己。

波伏娃的主张与她写作时期欧洲中产阶层的生活尤为相关（《第二性》出版于1949年）。她所处的时代正值社会转型期，在当时妻子放弃工作并不影响家庭的体面尊严。不过她的分析也没有涉及平等成为公众迫切关注问题的时代。一系列与丈夫身份地位相关的因素，解释了为何女性决定把婚后几乎所有时间都奉献给家庭。波伏娃认为，并非所有人都能获得附属于工作的价值。在她看来，女人从事工作的主要目的是获取经济利益，而男人工作不仅出于经济原因，还关乎扬名于世。这一差异并非出于天性，而是由于男女对自己在职业上获得认可的期待天差地别。从根本上来讲，只有男性才可能凭借非家庭活动获得受人尊重的地位，其实是尊严。相反，只有女性才能够凭借家庭活动而获得尊严。另一个阻碍女性出去找工作的因素是丈夫的声誉，人们认为成功的丈夫有能力养得起不在外工作的妻子。

这些导致女性的职业兴趣次于男性的重重隐性因素，制造出一种虚妄的景象：婚姻给人带来幸福的闲散。实际上，波伏娃认为，这极大地伤害了女性的独立性："她未充分认识到，诱惑也是一种障碍，而且是十分危险的障碍。欺骗与诱惑相伴，在婚姻的彩票中，中奖率只有千万分之一。当今时代在吸引甚至强迫女人去工作，但它又在她们眼前铺开闲散快乐的天堂美景：它拔高了中奖者的形象，使其远远高于仍被束缚于人间的女人。"[35]

女人们在选择工作赚钱还是享受无限闲散的婚姻时遇到了困惑。前者能提高独立性，却无益于赢得认可，而无论在现实中表现如何，闲散似乎都是种诱人的生活方式。它就像是某种奖励。然而，获得这种奖励并不容易，且不是完全取决于运气。用波伏娃的话说，要想"中奖"，女人非得搬出"取悦男人"的特质。[36] 这些特质包括愿意牺牲自己的独立性，支持丈夫更重要的事业与地位。女性气质不仅与某种独特的体态外貌和行为举止有关，似乎还代表女人不同于忙碌的男人，能安心地无所事事。若在其他环境下，女性本可自由地提高自身能力，因而让女性闲散所造成的后果十分严重。波伏娃引用了儒尔·拉福格[1]的话："因为女人已屈身为奴，变得无所事事，除了性爱，她们再没有别的职业或武器，因而她们过度发展了性，成了'女性'……我们对这一过度现象采取默许态度；她们在世上能为我们所用……呵！这完全是大错特错……迄今为止，我们一直在玩弄女人，将她们当成玩偶。"

在克尔恺郭尔的美学中，这种玩偶般的存在或许被当成了美德。据波伏娃的说法，隐藏于其后的是一种充斥着"可怕的闲散"的生活，且随着女性年龄增

---

[1] 法国象征主义诗人，其作品影响了波伏娃和 T.S. 艾略特等人。

长，曾占据她时间的孩子离她而去，她会愈加痛苦。由于缺乏熟练技能或工作经验（为婚姻而生的后果），她没有能力让自己投身于有意义的工作。和其他人一样，波伏娃认为致力于某事是一种只有通过训练和坚持才能获得的能力。为了说明这一点，她列举了曾经"闲散"的女人致力于艺术的例子："即便很早开始学习艺术，她也不会把艺术视为严肃的工作；她已经习惯于闲散，在她的生活方式中从未感到过严格约束的必然性，所以她不可能持之以恒地坚持下去，不可能掌握一门实实在在的技术。"[39]

在这种情况下，艺术最多就是种爱好，是为了打发时间。这里隐含了"浅尝辄止"的意味。波伏娃认为，女性在创造性方面的努力不是"让她对世界有更广泛的掌握，而只是……排遣她的无聊"[40]。从审美角度去衡量，她的作品并非真正的艺术，因为没有体现出她对自己或世界的感受（虽然那些关注社会学的观察者可能会发现那些艺术作品反映的女性生活状况）。

表达这些感受需要献身精神和专业技能，而这一点"闲散女人"必然无法实现。

波伏娃对闲散女人的描述，或许被认为是对闲散的呼吁的一种警告。虽然我已对许多诋毁闲散的哲学论述提出质疑，但这种问题百出的闲散者的经历，显然对我的质疑构成挑战。这一现象得到如此精辟的描述，以至于我们甚至可以得出结论，即，从深层次看闲散是难以自圆其说的：它破坏了我们远离无聊的能力，并因此变得令人不快。另外，波伏娃有力支持了一些认为闲散和（关乎自律自决的）真正自由相对立的哲学家。毕竟，处于波伏娃描述环境中的女性——据称——对怎么让她们有所成就漠不关心（康德），只对如何吸引未来丈夫感兴趣。另外，她们似乎也没有"实践教育"的背景（黑格尔）。最终这些因素相互交织，导致当女人必须靠自己来填补闲散时光时，她们自然感到百无聊赖。这种经历，让我们想到了叔本华对无聊的描述：只有通过追求各类活动才能填补空闲时光，而其意义仅在于否定空虚。

　　然而，闲散女人的情形并不能使我们对闲散的本质盖棺论定。我们知道，女性经历的核心问题在于相对有限的自由空间和自决能力。世人认可惯例使女人最终只有一条出路。在这种情况下，忽视培养并丰富各类职业技能的决定，意味着接受扮演某种上流闲散者（无须工作之人）的角色。然而，它终究不等于有能力快乐地闲散，因为闲散只是某种制度规范的要求。女人**必须**闲散。在这里，闲散不是自由，而是一种样板，结果便是女人丧失把自己当成具有自我兴趣的独立个体的能力。这些兴趣可能会出现在家庭生活的某个特殊阶段。在那个阶段，无助的闲散脆弱不堪，这是制度化的闲散忽略了个人发展而造成的。或许，我们可以从这种情况中认识到：只有当个体脱离或从未隶属于社会惯例时，闲散才可能是自由的。而我们已知，这些选择受到了哲学家们的唾弃——他们认为其要么不可能实现，要么太过野蛮。很显然，对波伏娃所描述的闲散的女人来说，尝试第欧根尼式的逃遁是不现实的。不过应再次强调，这一困难引起的主要关注点，应该是制度的压倒性力量，而非闲散与自由的互不相容。

第四章
玩乐即闲散

　　我们从哲学家们对闲散的种种批判中得出以下结论：健全的人类应该有所作为，对生活或许也应该有一个理性的规划。出于种种原因，对生活的体验不应任凭闲散来肆意引领。若不进行正确的自我约束，我们就无法对自己负责，就无法开发潜力，就会伤害集体，抑或遭受无聊之苦。另外还有一种反对闲散的声音，不同于那些鼓吹自我构建之类的浮夸理论。这种观点认为，闲散对我们人类来说不切实际。很明显，闲散意味着不劳动，即便我们不去苟同那些宣称劳动光荣的哲学论调，也仍要面对一个现实问题：工作总是要做的。我们在应对这些生活的基本需求时，或许会感到难受和不便，但对此我们早都习以为常了。我们可以闲散，但不能闲到把怎么工作都给忘了。

然而，有一种思想试图超越劳动与闲散的冲突。更确切地说，这些生命形式不仅可以达成平衡，还能实现统一。这种统一基于一种全新且十分人性的自由，不仅包含自主性，还摆脱了预设目标。这种自由的行为便是"玩乐"。在有关替代"劳动人"理想的理论文献中，涉及玩乐的少之又少。鉴于闲散模式存在其局限性，玩乐确实值得密切关注。如闲散一样，玩乐似乎能够免受现代生活的标志压力的影响。与努力工作相比，玩乐的社会价值微不足道。因为培养才能、实现自我价值都需要努力。就像罗素所说："从前人们还有无忧无虑、玩耍嬉戏的能力，而今人们都对效率趋之若鹜，致使玩乐的能力多少遭到了抑制。"[1] 即便如此，玩乐还未像闲散那样声誉扫地。初步来看，玩乐不能被简单地摒弃为一种乌托邦现象。许多人都认可有意义的快乐是可能存在的，例如，音乐、体育或舞蹈，至少，只要这些活动是有趣的，有意义的快乐便能存在。问题在于，就像许多哲学家所提出的那样，玩乐能否提供给我们一种人类行为的可行范式，以摆脱努力、有用、自我约束等要求。

闲散的一个核心特征是脱离了使我们成为现代社会有用成员的规范。闲散不会为任何有关成果的具体概念或有待实现的"自我"所动。闲散行为，是人们在自己选择的环境中对自己爱做之事的自发表达。最重要的是，闲散同"在规则统治的社会中将自由与自我实现联系在一起"这类自我挫败的理念截然相反。也许这类理念、观点已找到方法解决人类想要的与必须做的事之间的矛盾。我们已知，黑格尔是这个理念的重要支持者。然而，黑格尔的理论真正维护的自由是有条件的，即我们必须在社交中应用等同于表达性活动的可接受形式的规范，才能变得善于接受。那么，当自由的条件是"我们必须通过社会化接受一些定义何种行为可以被接受的规则"，那黑格尔的理论到底维护的是哪种自由？以下规则似乎就很必要了：即使我们被认为是自由的，那也必须遵从某种生活或选择方式。当我们不由自主地被欲望吸引时，我们常常能感受到这些规则的力量。不过，在良好的社会中这种冲突出现的可能性很小。因为总体而言，人们想要的东西大致上会契合社会需求。在这种情况下，规则的必然性是积极的。积极的必然性有时也会被认为是"高级的"，因为它使我们超越基本必然性，而基本必然性会使人任凭欲望、危险以及外来文化驱使。然而，我们刚才提到过，这个模式之所以可能实现和谐，基本前提就是社会化。因此，表达自由的途径唯有这一种。若我们担忧上面提到的情况会让自由变得不再纯粹，那是因为我们相信可能存在一种脱离必然性的、纯洁的自由形式。而闲散，似乎再次满足了这一描述。

　　玩乐被认为是一种摆脱必然性的自由，因此玩乐的推崇者心中存在一种类似闲散的体验就不足为奇了。玩乐与闲散一样，让我们获得一种不同于受工作驱使的生活方式。然而，玩乐的理论从其反对工作的方面来看，概念还不够清晰。在某些方面，玩乐似乎摒弃了必然性（因此它与闲散类似）。不过，若认为玩乐具有某种独特的形式，它便具备了更高一层的必然性。与这种必然性相比，当下社会分工或欲望的必然性就有些及不上了。在席勒和马尔库塞各自提出的关于玩乐的哲学理论中，这种模糊性非常明显。就这一点，接下来我们会详细讨论。席勒和马尔库塞都反对"为了工作而工作"，或把工作当作追求高于其直接产出价值的工具。他们提出的概念都没有袒护工作，至少都没有为我们熟悉的工作行为辩解。他们的理论都涉及了"自由即闲散"的概念。我们将看到，席勒似乎认同了这一概念及其价值，但同时，他的最终立场却把自由看作更高级的必然性，而这点无法与闲散的概念相适应。马尔库塞试图在工作概念发生彻底转变的条件下充实闲散的玩乐属性，但该理念的框架是自相矛盾的，最终导致闲散的意义也消失了。

尽管可能会遇到种种困难，但席勒和马尔库塞都为我们探讨玩乐的闲散做出过卓越贡献。他们都认识到，闲散的应有之义是超越必然性的自由，而只有当人之所以为人的真正含义彻底改头换面时，这种自由才有可能实现。两位哲学家都采纳了其所处时代最先进的理论，支撑了他们提出的可能改变人类的理念。席勒致力于探索德国早期唯心主义中的实践部分，而马尔库塞则更关注分析心理学。二人都敦促我们看清片面唯物主义的野蛮以及社会的黑暗。但人类唯有改头换面，才能使解决这些问题的方法奏效。人类改头换面后会拥有一种能力，这种能力类似于闲散，有时甚至会体现为闲散。

席勒：玩乐即闲散

一

在《审美教育书简》(1795)中，席勒为他那个时代的人们制订了一项计划，能够极大提升社会赋予我们的自由。现行的社会分工或许是井然有序的，但席勒认为这算不上真正的自由。人们生活的国家就像拧上了发条，对所有社会活动都"套上公式，这种不论大小，所有事情都用公式解决的做法把思想自由完全禁锢了"。[2] 席勒颇有预见性地描述了一个整体性的社会，其中所有独立性都不经意地为"系统"目标让步。自由就是以这种方式让步的，道德生活也不例外。席勒与康德都认为道德是自由的最高实践形式，但关键在于，在许多重要层面，席勒都不认同康德的道德理论。实际上，他认为康德提出的"道德能动性"是对自由的另一种歪曲。席勒暗示说，康德有关道德责任的理念，只适用于"野蛮人"的心理。在席勒看来，野蛮人即"原则摧毁情感"的人。[3] 席勒试图将道德置于他心中非康德派的人类概念中。他认为，仅仅基于责任和理性的道德理论，不利于人类行为的完整性。[4]对康德的理论另一个更深入（也是更独特）的担忧是：只有当人们彻底自我欺骗时，道德才会奏效。席勒主张，我们可能同康德一样认为动机源自理性，与情感无关。但人类都是感性的，情感会对我们发号施令，不管我们是否以为自己已脱离情感的控制。若遭到欺骗，我们就会不经意成了情感的"奴隶"。[5]与康德不同，席勒坚持认为，在任何可信赖的道德生活理念，以及这种理念所构筑的政治架构中，必须蕴含关于人类的更全面的概念。[6]

席勒主张，如果人类想要走向真正的自由与道德，首先必须经历一段过渡期。从机械社会滋生的缺陷状态发展到道德独立，绝非一蹴而就。他提出，如今人类的生理需求使他们偏向从本质上拜物的社会。人类只要正确发展其"玩乐"的能力，就能过渡到理想状态（可以称作"道德人"）。席勒宣称，这将使人类"从需求物质提升到需求道德"。[7]然而，《审美教育书简》的读者常常会注意到，席勒在自由的价值中倾注了太多玩乐的理念，以至于玩乐已不再像过渡阶段，而是成了人类发展的顶峰。[1] 这种转变体现在以下这句名言中："只有当人是完整意义上的人时，他才玩乐。"⁸ 我们看到，席勒在文章中所使用的许多概念都可归在不利必然性的普遍概念之下，即令我们不愉快的必然性：必然和强迫。在他看来（与康德的想法再次相左），既然我们能体验到必然或强迫，那我们显然是真正自由的。

大体上说，席勒这种自由具有层次更高、更完善的必然性。这种必然性结合了现存所有形式的必然性，并加以升华。从这方面来看，玩乐似乎与闲散具有的自由特征（脱离一切强制的自由）不相一致。席勒主张，在把不同必然性（分别指向道德律 [2] 体验的必然

---

[1] 席勒认为，人的发展需要经过三个阶段：蛮荒阶段、蒙昧阶段和完善阶段，达到完善阶段的人才是完整的、内心自由的人。

[2] 道德律是指根据人类共同本质所确定的适合一切社会和时代的道德生活的基本定律。在西方，西塞罗、托马斯·阿奎那、康德、席勒等人对此都做过探讨。

性与物质世界体验的必然性）相统一时，玩乐就否定了这些体验中不受欢迎的成分。然而，当这两种必然性各行其道时，它们都与人类作为一个整体的某些特征背道而驰。形式的必然性使我们忽视了感性，因为关注点落在了法律或原则上。这就是康德的错误所在（席勒对"形式"所带来问题的批判有些奇怪，因为这些问题在他所谓的"自己所在的物质社会"中应该并不常见）。与此相对，物质的必然性则对道德构成了阻碍，因为它使人们不再坚持努力工作，而这样的努力会塑造（而不是简单接收）感官体验，而玩乐却有效地协调了这两种必然性。[9]

玩乐的架构

席勒认为，玩乐调和了人类的两种基本驱力：感性（或物质）驱力和形式驱力。席勒所谓的驱力，指的是一种面向外界的积极定位。这一定位是确切的，每种驱力都对世界有某种独特的兴趣。感性驱力的兴趣在于与外在世界进行感情互动，而形式驱力则使其能动主体维护社会秩序。感性（或物质）驱力与形式驱力之间的差异在此鲜明显现。从这种差异可以看出，物质生活，其生成方式与感性驱力类似，是没有形态的。席勒认为，"物质人"仅能感觉或渴望。他体验到的"唯有世界而已"，即"缺少形式的时间"。[10] 然而，我们可能认为，像上发条般按部就班的体验已经足够形式化，甚至足够具有破坏性了，因为就像席勒所说的，它由社会机制所决定。但是，席勒的确没有建议过人类行为应完全遵照规则从而克服物质动机造成的无序状态。在那种状态下，标准就成了一种强迫，而非"生活形式"[11]，也因此背离了形式驱力下的道德自由。

"形式"的缺乏带来了诸多问题。在席勒看来，"唯有世界而已"的自然存在"仅屈从于自然法则"。[12] 因此，"物质人"与真实世界的交往层次还停留在被动阶段。在这一点上，席勒与那位来自耶拿的邻居兼挚友约翰·G.费希特的想法一致：物质人并非能动者，因而无法拥有真正的自由。然而，事实上，物质人的感觉是通过一种驱力产生的，这种驱力使他动态地朝向感觉体验，这代表他不是范式层面上的自然对象。毕竟，驱力是活跃的。因此，物质人以一种特殊方式与世界相处。作为一种拥有直觉的生物，他响应外界的感官刺激：他的体验是由感觉构成的。

席勒认为，纯粹被动的生命只能体验无休止的变化。在他看来，纯粹被动状态必然意味着缺乏能调控体验的能动主体。这类人不把自己当成完整意义上的生命，而是被时间拽着走。席勒认为"任何人，如果他除了感受什么都不做的话，那他就游离于自身之外了"[13]。在这里，他描述的是一种混乱的生活状态，但显，然席勒想以此说明这是一种不道德的生活。相比之下，形式驱力致力于构建某种体验，它"着重于统一和恒定"。[14]我们从中可以推断出，形式驱力与现在我们所说的"能动性"有关。从这方面来看，能动者并非"游离于自身之外",而是有意地参与到决定和行动中。在这个相当简单的模式的基础上,我们可以看到,席勒的见解更倾向于认为闲散符合被动性的缺陷:闲散肯定是没有形式的,并且跟随体验,而非独自去体验。

伴随这两种驱力的是两种意志:一种是任性善变,另一种是理性意志。感性驱力与任性有关,感性个体做决定时,感情在一定程度上起作用。任性没有目标,它随意、专断,因此是被动的。它对自己想实现的欲望不持任何想法。然而,不能把这种被动性与感觉中和,从而与善于接受的能力相提并论。毕竟,任性是一种行为方式,但其不加甄别地相信世界就是自己所看到的样子。因此,在席勒看来,"自然人"(也就是没有完全发展或没受过教育的人)"不受规则约束地滥用他的任性"。[15] 换句话说,这类人听任任性支配自己的行为。这种可悲的状况与享乐(追求无尽的乐趣)截然不同。并且,它含蓄地批判闲散,因为它排斥一切对有所成就漠不关心的行为。如何根据理想的人性完善自我，这点将闲散与有关人格自我构建的传统理念区分开来。席勒认为理性意志是这种观点的基础。理性意志是自由的，给我们"在义务和爱好之间"选择的力量。[16] 恰恰是以这种方式，它从人的脚下抽掉了"自然之梯"，而任性却使我们依附于自然。[17]

玩乐驱力包括物质驱力和形式驱力，它允许人们感性地实践自由，这与仅凭任性的物质体验实践自由不同。多亏玩乐的形式广泛，才得以让人们通过玩乐到达人生的极致，成为道德存在。在席勒看来，道德存在包含形式的、受法律约束的能动主体。他提出的"形式"概念在这里很重要，因为它引导多种在规则内自由开展的人类行为。对席勒来说，这些行为当然包括道德，而且还包含运动竞技和美学创造。然而，所谓的"第三种驱力"地位并不明确。哲学家伊娃·沙佩尔曾热心建议说，实际上，玩乐驱力根本不是"真的"驱力。因为当两种基本驱力带来的必然性不再

"支配"对方，而是以某些方式和谐相处时，二者就会以某种无法解释的新方式各自发挥效用。[18] 席勒认为，这一"新兴"驱力把形式与感性驱力的极致融合在了一起。后者为我们展开"无限的现象"，而前者让我们为那些无限带来统一。[19] 若感性驱力操控活动的功能（至于如何操控，我们需要一点儿想象），那么席勒认为这个人将"永远不再是他自己"，他永远无法实现统一，因为他的活动是完全没有形式的。若形式驱力掌握被动的功能，那么这个人将"永远不是别的事物"[20]，因为他不会对事物的感性特质有所反应。这些推论或许表明：玩乐驱力是幻想出来的，因此它带来的体验仅存在于想象之中。然而，席勒相信，这一驱力催生了一种我们熟悉的体验形式，即对美的体验。美既包括内涵，也包括形式。因此，在这种体验中，两种基本驱力能发挥其效用。二者在其中紧密统一：内涵通过其表现形式给人以体验，而形式只有凭借其展现的内涵才得以彰显，而这种统一正来自作用于其中的玩乐驱力。

玩乐驱力与闲散

两种驱力间的协调，使强制作用于我们的种种必然性相互结合，形成一个新的自由的整体。席勒认为："玩乐同时从道德与自然两方面给心灵施压，而且因为玩乐驱力抛弃了一切偶然性，所以也就抛弃了一切强制性，从而使人在自然和道德方面都达到自由。"[21]这种想法发人深省，它表明，席勒倾向于在必然性概念的框架下思考自由。然而，调和这种必然性，只带来了概念上的矛盾，而非为自由创设新的根基。席勒似乎推崇的是：我们从必然性被视为讨厌体验的情形过渡到成为真正的自己。在现有的可选条件下，即在感性的无形推动与形式的抽象原则的作用下，我们还未能实现真正的自己。

但在恰当的协调下，必然性可以与"生命形式"和谐相处。但让人不解的是，为何这种完善的情境会打上"必然性"的烙印。在否定"一切强制"的过程中，我们甚至相信人类展现的自由，正是与闲散联系在一起的那种自由。实际上，尽管席勒对任性严加批判，但他偶尔也会不自觉地认同上述观点。席勒的书中仅有一次描绘过现实的玩乐行为，即他提到了古希腊人和他们论和谐生活的真知灼见。他开始是这么说的，"玩乐能支撑起审美艺术和更为艰难的生活艺术的整座大厦"。并且，他把作为玩乐的生活艺术描述为"以这一主张的真理为指南，古希腊人让严肃、劳作和空洞的快乐都从幸福的诸神的额头上消失。严肃和劳作使皱纹爬满凡人的脸颊，空洞的快乐则使空虚的脸庞永葆光泽；它们使永远知足的群神摆脱一切目的、一切义务、一切忧虑的枷锁，并给闲散和淡泊披上了一层令人欣羡的神性——人类以此来描绘那种最自由、最庄严的生存状态"。[22]

这一段文章认为，闲散和漠视目标构成了无上自由的特质。诸神既不劳动也不生产，他们闲散玩乐的生活明显不受必然或强制的约束。没有任何明确的规定来限制他们的行为。脱离强制或不利必然性的自由，似乎并不意味着需要层次更深、内涵更丰富或更高级的必然性。然而席勒主张："自然法则的物质强制性，以及道德法则的精神强制性，都消失在古希腊人关于必然性的更高概念中了，这个概念同时包括两个世界；而正是这两个世界的必然性的高度统一，才促成了古希腊人的真正自由。"[23]

这一段文章显然在讨论对理想自由的不同看法。这里必然性仍然存在，只不过形式不同：一种推测存在的级别更高的必然性。不论这种必然性到底意味着什么，它与席勒归为神性的生活艺术的特点，即闲散的自由没有必然联系。"淡泊"的诸神并不关心自己应该成为什么样子。正是这样，他们不会体验到必然性。他们的行为除了其本身没有其他目标，但却是自由的，而且席勒认为这是令人羡慕的。的确，这其实相当于一种"任性"的生活，因为它摆脱了由理性必然性的强制。它的自由似乎是完美的，但席勒真正想让我们认可的，莫非是任性即摆脱必然性的自由形式，而且是我们可以凭借它实现最高形式的生活艺术？对诸神如何生活的描述，似乎在任性与所谓的"更高级必然性"（没有明显体现在诸神行为上）之间徘徊。

以上二者间的冲突，以另一种形式重现了席勒赞赏的处于玩乐状态的美学体验之无用性，但却使这种无用性听命于更高的必然性。他认为，"美学确定性"与"不确定性"相似，因为"二者都排除任何确定的生存方式"。席勒认为，确定性的缺失，意味着"美学状态"值得赞扬，因为它"完全漫不经心，在知识和性格方面也无所收获"。他还认为："美没有达成任何特定目标，无论是理性还是道德目标都没有达成。"正是由于缺少必然性，个体才获得了朝向本心且不受发展限制的自由，由着自己的性子，甚至根本不去行动。失去了必然性，我们可能会认为不确定性产生的行为纯粹就是任性的，但席勒将这种不确定性与目的性的更高级必然性相结合。没有必然性约束的自由，它所在的不确定空间实际上使人类"成为应该成为的样子"。[24] 就像弗雷德里克·贝泽[1] 所主张的，席勒可能没有"为我们的活动指明特定方向"[25]，只不过，一旦实现了美的不确定性，"应该"一词就映入眼帘，好像为我们指引了熟悉的方向，即自我构建的另一种方式。

虽然此文并未特意提到我们"应该成为什么样子"，但席勒曾在早期文章中暗示过可能的实现方式。他坚信我们每个人在自己心中都有一个"纯粹而理想化的人"。我们的任务就是在自己的所有**变体**（席勒原文为德语"交替"：abwechselungen）与"不变的理想化的人"之间实现统一。[26] 这种统一，把生活与理想结合在了一起。只有在席勒称之为"国家"的政治实体中才有可能实现这种统一。他主张，我们可享有的自由将包含"整体性"[27]，古希腊人的和谐生活、物质与形式之间的协调再次跃入眼帘。但席勒没有解释为何

---

[1] 美国锡拉丘兹大学哲学教授，研究德国唯心主义的主要英语学者之一。

多样性，即"他应当成为什么样"，以及为何维持这种多样性所需的社会环境对我们来说极富吸引力。

安东尼·萨维尔[1]的诠释支持并解释了席勒的目标。他如此写道，席勒的论点是"人类无法理性地放弃对生活中理想的顾虑。他们常常为此思虑万千，但这也使他们丧失了理性"。他认为，席勒坚定打算构建的是"实践理性的先验真理，即自我构建应基于与良善有关的概念"。[28] 在这里，萨维尔将"理想的人"解释为我们讨论的"良善"。席勒课题中的概念，使良善与作为一种更高必然性的自由理想相一致。然而，萨维尔认为，这种计划排除了选择在玩乐的闲散中利用实践理性，"闲散的加州人的自发性"证明了对这种选择的放弃。[29] 如果席勒主张的是放弃那种自发性是最高形式的生活，那么我们就可以推测出，自我实现的努力带来的任何行为都将脱离任性。自我实现需要付出

---

[1] 当代英国哲学家，伦敦大学国王学院哲学教授，研究领域为伦理学、道德哲学。

严肃且无明显玩乐性的努力，也就是两种互补的力量，席勒称为"最大可能的变化性和伸展性"与"最大可能的独立性和紧张性"。[30]

两种基本驱力的结合，代表要克服物质和道德的必然性。但我们已经注意到，这种基于想象的体系与席勒所描绘的玩乐景象并不相容。诸神的玩乐，摆动在闲散的娱乐与内在更高必然性之间，后者摆脱了纯粹的物质与道德必然性。与此同时，席勒还论述了不确定性，这种不确定性最终为我们展现了一种更高层次的、基于目的论的决定性：理性的自我实现。在诸神的玩乐与不确定性中，我们清晰地发现它们在概念上与任性有相似之处。不过，二者似乎都让步于一种更高的必然性，而这种必然性从结构上并不属于二者。

席勒的论述启迪我们的是，它表明一旦我们将代替原则与理性自主性的理论置于自由即必要（或某些秩序）的理论框架下，该理论的构建就会变得困难重重。因为必然性的应有之义是"应该"。而席勒的理论认为，这种"应该"导致玩乐从属于超越玩乐本身的另一目的。若没有了必然性，"玩乐"这一概念就变成了闲散。席勒为了达到说理的目的，使用了闲散的概念（想想他所描绘的奥林匹斯山诸神形象），但他似乎对闲散隐含的自由与必然性的关系不敢苟同。在下一节，我们将分析马尔库塞的玩乐模式。他没有提出更高级的必然性的概念。确实，他的玩乐理念似乎接纳了与自由相关的闲散的益处，却没能涉及席勒提出的概念中隐含的强制性。马尔库塞直接分析了"将劳动看作玩乐的闲散"的可能性，从而寻求劳动与玩乐的统一。

马尔库塞：工作即闲散

一

马尔库塞在《爱欲与文明》（1956）一书中将席勒关于玩乐的概念纳入了批判社会理论的范畴。他认为，当代社会的日常体验形态已被扭曲，席勒的概念有助于理解这种扭曲形态。马尔库塞主张，我们原本有能力建立具有变革性的、有益的人际关系，而取而代之的是纯粹交易性的、竞争的态度。当代，每个人在他人身上只看到利己的机会或威胁。在这种环境下，资本主义市场的商业价值侵袭到形形色色的社会行为中。劳动者的日常工作已成为个人习惯。马尔库塞将现代人的特征——对目标的疯狂追求，与由玩乐概念构成的理想自由比较。他描绘了他脑海中玩乐概念的实践情况。在马尔库塞的著作中，玩乐并非可望而不可即的幻想。他认为，玩乐状态是人类可以实现的理想。或许，玩乐这一概念可以拥有评价功能，因为它给我们提供了一个立足点，从中可评价现有形式的经历和人际关系。但是马尔库塞试图让我们相信，这个立足点可以进行自我辩护。也就是说，他坚信人类有能力——虽然他们不太可能这么做——进行他定义下的玩乐。他改造并应用了一系列弗洛伊德的概念，用以充实自己关于这种能力的概念。

在马尔库塞看来，出现不同社会关系的可能性受到"额外压抑"的阻碍。额外压抑是压抑的一种，据称其来源只有一个，即"社会支配"。额外压抑只在高级资本主义社会出现。这类社会的主要特征是：生存与强大的工作能力、认可与物质成功之间存在着因果关联，并且缺乏公共意识。对社会系统的需求，决定了在该系统内进行社交的人们最基本的动机。马尔库塞认为，额外压抑的形式包括"一夫一妻制家庭""等级制的分工""公共领域干涉个人私生活"。[31]若剔除上述任意一种压抑形式，实现自由将成为真正的可能。

马尔库塞认为应将额外压抑与基本压抑区分开来。他套用弗洛伊德的语言，将基本压抑描述成"为使人类文明永存而对本能所做的必要'变更'"[32]。这些变更削弱了快乐原则的影响。著名的"快乐原则"指的是机体对即时满足和欲望的需求。就像弗洛伊德主张的"为适应现实而调整本能须对本能进行压抑"一样，它也受到现实原则的影响，马尔库塞相信，"额外压抑"是"表现原则"的结果。在操作原则下，"社会根据其成员竞争性的经济表现活动而分层"。[33] 马尔库塞的文章就表现原则与现实原则的联系提出了两种不同的理解方式：要么是现实原则的现行历史形式，要么是以某种方式位于对根本本能的压抑之上，即额外的压抑。表现原则的压抑性与现实原则的一样，都能引发神经症。马尔库塞写道，额外压抑的症状是"必须从事可构成神经症病因"的工作。[34] 或许，我们可以这么理解，这种必然性的特征是一种重复性的强制：必须从事的活动与其清醒的目标（生存）背道而驰。

马尔库塞认为，席勒的玩乐概念沿用了康德《判断力批判》的内容，在美学体验中探寻自由与自然的协调。马尔库塞指出，康德将美学自由设想为"无法则的合法则性"，把美的体验想象为"无目的的合目的性"。这些设想指向一系列没有实用性，却也不受束缚的经历。马尔库塞相信这样的经历在美学范畴外也可能实现。那些情况不外乎是他所描述的"人与自然尽情挥洒被释放了的潜能"[35]。人类将摆脱压抑，他们不必再为反对变革性体验的目标而施展才能。实际上，这就是脱离了必然性的自由。就像马尔库塞说的那样："人只有在摆脱了内外、身心的一切压制时，只有在不受任何规律和需要控制时才是自由的。"只有我们摆脱强迫我们表现的神经必然性，"玩乐而非劳苦"的"人类文明"才能实现。[36] 我们将看到，当马尔库塞试图描述这种文明中的体验时，他无意识地将其描绘成了闲散的景象。

异化的工作

要理解为何玩乐是让人解放的理想方式，我们必须先搞清楚：为何玩乐要取代的活动（当今的工作）被视为马尔库塞心中的"人类文明"的阻碍？工作的问题，它之所以备受诟病，不仅在于它让人殚精竭虑，还因为其具有的异化作用。马尔库塞如此描述工作场所的基本原则："人并非在过属于自己的生活，而只是在履行预先确定的功能。虽然他们在工作，却不能满足自己的需求或发挥自己的能力。他们是在异化中工作。"[37]虽然，这种描述与马克思的经典公式相一致，但其实马尔库塞背离了马克思原本有关异化劳动概念的一个关键因素。对马克思而言，"异化"或"疏远"的劳动概念涉及商品生产的痛苦经历，而痛苦的根源在于生产过程排除了情感表达的可能性。我们已在前面第二章看到，劳动者无法在自己生产的大宗商品中体现出自己的个性，个人经历的价值被削减，因为劳动者迟钝的知觉妨碍了他与复杂的世界进行情感交流的可能。因此，劳动者把世界及其目的当成了对立且具有威胁性的存在。工作产出的商品，大都被派发到遥远的陌生人手中。这种生产形式缺乏一种潜在的令人满意的共同目标。异化是劳动者痛苦的源泉，而这一点劳动者自己不一定知道，即便他已经认识到，正是工作过程本身使他"否定自己而非肯定自己"。马克思认为，这种主动的自我否定，使劳动者"轻视了自己的身体"。[38] 工作场所的原则，使自我否定的需求对劳动者来说显而易见。然而马克思也认为，痛苦的体验是一种变异状态的症状。他试图解释为何工作是痛苦的。他从充满痛苦的经验世界的角度予以解释，只有当社会分工的效果概念化，劳动者的痛苦才体现其真意。

而对马尔库塞来说，痛苦并非异化工作的必然特质。他没有把重点放在工业生产的可怖状态上，而是放在有序社会中被理解为有益的工作上。马尔库塞试图解释这种显而易见的有益活动不过是异化的另一种形式罢了。我们原本关注的是麻木心智、劳损形体的劳作和孤立无援，现在却转移到要求效益、认同效益的工作上来。马尔库塞的看法是，工作场所所认可的效益，在大多数情况下与我们真正所求之物无太大关联，而在现实中，我们却把异化的目标误当成了自己的目标。他写道：

在异化的工作中无疑也有"快乐"。一字不错的打字员，巧夺天工的缝纫师，手艺精湛的理发师，定量完成工作的工人……所有这些人都会在"完成得很出色的工作"中尝到快乐的滋味。但是，这种快乐要么是外在的（期望得到报偿），要么是因为有事可做，很好地为机器运行贡献自己绵薄之力而感到满足（预示着压抑）。无论在哪种情况下，以上的快乐都偏离了人的天性。[39]

由于工作无法带来人类天性中的喜悦，所以在马尔库塞看来它是异化的。他的异化工作概念基于含蓄的虚假意识理论。批判社会学家认为，这一理论阐释了一个假定事实，人们通常把这一事实理解成不必要的、最终与他们最深层次社会需求相悖的社会生活的自然形式。这个理论将切入点从痛苦转移到了意识上，进而不必从已有经验中求证。构建在这种理想的替代理论上的批判视角，使其所要探究现象的缺陷一览无余，即便在日常生活中，这一现象普遍让人感到满足。

马尔库塞的异化工作概念，意在触及并以批判的态度评价我们对自身的日常理解。我们刚看到在许多例子中，他贬抑劳动者因娴熟地完成以他人为目的的任务而获得的认可的价值。无论是裁缝还是理发师，通过种种方式（包括马克思的方式）为社会做贡献，或是社会劳动即非异化工作的证明。然而，马尔库塞忽略了这类工作的特征，因为似乎他关注的是快乐层次的高低。低层快乐与压抑有关：这种快乐与现行物质秩序中有用处的人相匹配；而高层快乐只有在打破秩序后才可能实现。那种彻底的状态将意味着回归"快乐原则"——优于所有压抑的满足原则。马尔库塞把这种情况下的快乐称作"玩乐"。

闲散与玩乐

之前提到过，马尔库塞使自己的玩乐概念向康德自相矛盾的"无规律的合规律性"与"无目的的合目的性"理念看齐。但玩乐在他笔下被描绘成摆脱一切强制的自由。他写道："工作和对社会有益的活动没有升华作用（有压抑性）的问题，现在可以重新讨论了。这个问题表现为工作性质的变化问题，因为工作被玩乐——人类机能的自由玩乐——同化了……玩乐彻底服从于快乐原则……'玩乐的基本特征是自我满足，除了获得人类天性中的喜悦之外没有任何其他目的。'"[40]

这显然是对闲散的最勇敢的呼吁。它完全无视目标，也不呼唤那种正直诚实、节制欲望，或在认可网络中摆正自身位置的自我概念。而玩乐的这种特征明显让人困惑的是，它也是一种全新工作理念的实践模式。马尔库塞借用神话人物引入这一理念。这些人物佐证了还未被压制扑灭的人类理想：普罗米修斯被描述为一个恶人，施莱格尔笔下的尤利乌斯也这样看待他，因为他被奉为人类劳动的"文化英雄"。[41]在马尔库塞版的神话中，普罗米修斯遭到体现人类潜能的、善良的俄耳甫斯和那喀索斯[1]的反对："……他们的形象是快乐而满足的，他们的声音是歌唱而不是命令，他们的姿态是给予和接受，他们的行为是和平和结束劳动，他们的解放是从使人与神、人与自然结合起来的时间中的解放。"马尔库塞告诉我们，这些人物"使人想起了一种不是任由支配控制，而是等待解放的世界的体验，一种将解放爱欲力量的自由的体验，这种力量目前正困囿于被压抑、被僵化的人和自然中"。[42]

在那些从资本主义劳动实践中汲取正常人类行为概念的人看来，俄耳甫斯和那喀索斯完全是怪诞的，后者的生活中既无生产活动也无纪律约束。有用性的概念对他们而言毫无吸引力。无论他们的活动以什么形式展开，都一定不是我们想象中的那些工作类型。

---

[1] 分别是古希腊神话中耽于音乐审美和自恋情结的人物。

马尔库塞推测，若"生命本能"是以俄耳甫斯而非普罗米修斯的形象呈现，那么语言就成了歌曲，工作就成了玩乐。[43]这些描述超出了想象的边界。我们被告知，从这个意义上讲，玩乐不是马尔库塞所说的"唯美主义"的，而是一种自我放纵，是从"另一个压抑的世界"中解脱出来。而他想象的是一个完善了的世界，其中工作与行为准则不复存在。似乎俄耳甫斯式理想的玩乐与席勒认为群神过的"闲散而冷漠"的生活有异曲同工之处。马尔库塞声称，玩乐是"非生产性的、无用的，这恰恰是因为它废除了工作和闲暇的压抑性和剥削性特征，它'只是玩弄'现实"[45]。

在以上种种概念中，有一个明显矛盾之处：工作成了玩乐，而玩乐是"非生产性的、无用的"，也就是闲散。马尔库塞赞赏闲散的根本自由特性，但同时，他也想认可基本工作的实际必然性。他的难点在于试图在一种理论中兼容两大块内容——闲散与工作。马尔库塞左右为难，这明显体现在他努力尝试用各种方式在不损害"玩乐的闲散"这一概念的前提下，阐释自由工作的地位。为了打破"额外压抑"的界限，应该既排斥操作性的工作，又能给其他工作留出余地。但马尔库塞提出的俄耳甫斯理想，甚至超越了这一点：前面提到过，那是"一种将解放爱欲力量的自由，这种力量目前正囿于被压抑、被僵化的人和自然中"。这似乎表明，我们归因于"现实原则"的每种压抑性经历都将消除。

工作、玩乐与闲散

在马尔库塞设想的乌托邦未来世界中，我们如何满足现实原则（将精力从享乐转移到自我保护的实践上）的要求？这可被理解为工作是否可以褪去"必然性"特征的哲学问题。针对这个问题，马尔库塞提出了两个主要论点，即"最低工作量"与"工作即玩乐"。

（1）最低工作量。马尔库塞建议，其实我们完全可以承担最低的工作量，同时又不牺牲他称为"玩乐"的力比多转化。从某种程度上说，工作终究是必然存在的，且总是从根本上构成某种妨碍。可是工作一旦得以完成，我们就能畅游在玩乐的闲散空间中。他如此解释道："物质生产不管组织得多么公正合理，都不是自由与满足的王国，但它为人类技能在异化工作领域之外的自由玩乐提供了时间和力量。"[46] 在那种情况下，我们并非身处迷人的世界，因为我们生命的某些部分必须持续在享乐原则的要求之外行事。工作要求工作者遵规守纪，为他常常无法积极融入其中的工作过程效力。这就是马尔库塞在别处所说的——对《资本论》中一句话的评析——"必然王国。必然王国永远都是不自由的王国。"[47] 他认为必须对这个王国加以限制："自由的首要前提就是缩短工作日，从而使纯粹的工作时间量不再阻碍人类的发展。"[48] 接着，马尔库塞最终回到那个熟悉的问题：如何平衡工作与玩乐或闲散？

马尔库塞与现实的调解看似明智，实际却要复杂得多。这是因为，他将玩乐的闲散理念置于类似弗洛伊德心理学的框架下。他最终认为，人类或许真的可以遵照享乐原则生活，但也能在需求迫使我们工作时，间或适应现实原则。马尔库塞知道，日常条件需求不允许我们选择这些原则。毕竟，现实原则屡屡出现，不断改变着"自我"。据弗洛伊德说，"自我是本我的一部分，它已被外部世界的直接影响改变"[49]。如果外部世界展现两种选择：一种是工作（不论工作多么少），另一种是玩乐的闲散，那么有可能出现的是，自我在两种情况下呈现出不同的形态。这不太可能是马尔库塞主要想探讨的内容，不过这似乎是他理论的发展方向。

在这一点上，马尔库塞被迫遵循科幻小说般的说理方式，目的是逃离现实与享乐原则的矛盾。他一度建议，解决工作与享乐之间矛盾的方法是使人类脱离工作。技术进步让我们走向激动人心的"全面自动化"[50]，但马尔库塞在别处还对技术进步持怀疑态度。他比马克思更进一步地想象机器可以完成人类未来无法完成的任务，因为，如果人们获得了脱离神经症必然性的自由，那么他们将很难应对工作。[51]随着自我维持的机械在身后急速旋转，人类将生活在玩乐的闲散之中。在这个世界中，生产力与原则荡然无存。

（2）工作即玩乐。在试图维持并协调工作（最低量或自动化形式的）与玩乐的闲散的各自领域的同时，马尔库塞还设想，有可能将工作转化成玩乐。这样工作与自由之间的冲突就不复存在了。这种想法是对人类想象力的又一次考验。在这个背景下，马尔库塞再次用精神分析理论的措辞来证明："如果工作伴有一种前生殖多形性爱欲，那么它就会自发地让人满足，同时却又不失其内容。"[52]毕竟，似乎对马尔库塞来说，人类能力的全面发展不一定"不可协调地与工作形成冲突"。[53]爱欲包含摆脱现实原则的压抑影响，而同时却不影响自我保护。马尔库塞解释道："因此改变了的社会条件将为工作转变为玩乐提供本能基础。在弗洛伊德看来，获得满足的努力越不受统治利益的阻碍和支配，力比多就越能自由地以对重要生命需求的满足为依靠。"[54]

在这里，那个被夹在享乐与现实原则之间的矛盾自己消失了。然而这种调和却掩盖了某种悖论。"重要生命需求"仍对我们的精力施加迫切要求。的确，那些需求的满足为力比多指明了方向。这些要求可以通过所谓玩乐的活动被满足，但这种玩乐已脱离玩乐的闲散的内涵。在这里它遵照某些目标行事。马尔库塞之后还从非精神分析的角度表达这种可能性。他主张，那种偏向技术的工作越来越使劳动者成为"监督人员、发明家、实验者……听从精神与想象力的自由玩乐，和那些令人愉悦的万物和自然的自由玩乐"。"必然王国"——当今的工作——最终会演变成"自由王国"。[55] 这里的玩乐或许与游戏消遣类似，因为某些目标塑造了个体自愿、特殊、表达性的行为。但鉴于马尔库塞认定好玩的工作可以满足"重要生命需求"，丝毫不亚于压抑形式的工作，因而前者的自由很难达到"无目的的合目的性"的标准。要么工作含有某个目标，而这样的工作再也无法拥有脱离必然性的自由；要么工作成为玩乐的闲散，而这样工作便不再是工作了。马尔库塞的理论试图同时支持这两种思想。

马尔库塞的立场极其复杂，因为他坚决将玩乐理念置于根本解放了的社会理论中。然而，那个理念最终承载了过多他认为会根本改变的社会景象。它成为一种新的工作理念，而且正因为这样脱离了我们的控制。席勒对玩乐采取了截然不同的态度，虽然他称赞玩乐是人类的真实本质。玩乐作为脱离了必然性的自由，最终依附于许多高级必然性的不同理念。在每种情况下，席勒都有力地使玩乐摆脱任性的特征，而之前却似乎对其推崇有加。

席勒和马尔库塞的理论的重要性值得重视，尽管他们在处理闲散问题时都遇到不少麻烦。他们勇于挑战既有观点：闲散对我们这些人类来说是不现实的。我们看到，这使他们直接对传统上认可的价值提出疑问。如果我们现有性格中的某个部分让我们反对玩乐的闲散，那我们就得思忖社会是如何对待我们的。我们已知，其他哲学家认为我们对闲散的向往是人类不成熟状态的残存，表明人类获得独立性和有效融入社会的进程尚未发展完全。席勒和马尔库塞特别反对这类进程，因为它们与玩乐的闲散是相悖的。后者在概念上代表着自由的唯一形式：让人类在不屈从于外部或高级必然性的同时表达自我。

第五章
闲散即自由

哲学家们以不同方式提出贬低闲散的生活理念。正如本书所展现的，其中很多说法都值得商榷。我们常常看到，替代这些理念的理论通常都蒙上了被鄙夷的阴影。如果逃避我们本应承担的种种责任，会被认为是幼稚、胸无大志、懒惰拖沓、自私自利，如羔羊般懦弱的表现。这类指责的动力源于反对闲散的人将他们的理念与理性联系起来。既然正是理性将人类与其他自然产物区分开的，那么，当我们的闲散受到上述理论的指责时，人类的自我形象就可能受损。针对上述论点可以这样回应：闲散是一种不同但也许更常见的理性。罗伯特·路易斯·史蒂文森[1]就提出过类似的说法。他所设想的闲散，似乎是"休闲"这个经典概念的另一版本：它反对交易（拉丁语：negotium），因为交易否定了富有成效、进步的休闲（拉丁语：otium）。人们认为闲散就是"什么事都不做"，而在他看来，闲散实际上"完成了很多任务，只不过不受统治阶级教条主义公式的认可罢了"。我们又回到这个问题：到底什么才是有意义的活动？史蒂文森想告诉我们的是：许多有价值的东西是在交易之外获得的。在街道上（狄更斯和巴尔扎克最爱的学校，也是"最权威的教学圣地"）纵情玩耍，比在窗明几净的教室里更能学到重要的东西。就哲学讨论而言，更重要的是史蒂文森的说法：正是不懈勤勉摧毁了我们体验的能力，使我们"生命力匮乏"。而且，他似乎认为，保持闲散

---

[1] 19世纪英国小说家，代表作有长篇小说《金银岛》《化身博士》等。

的态度本身就赋予我们尝试各类体验的机会。闲散者有种"宽容"精神，他不受业绩指标或既定任务的束缚，也不为官方社会的秩序所逼迫。[1]

假如我们认为理性是一种辨别全新不同的事物或意外事物的能力，那么史蒂文森提出的就是一种维护闲散（或许是比较通俗的休闲）的全新方法。虽然他的文章对理性的理解不同，但其描述的生活，摆脱了社会传统强加给我们的束缚。或许他认为最伟大的自由，就是摆脱他人看法的自由。从他人的期待中解脱，就使我们获得了史蒂文森所谓的"强烈的个人身份感"。[2]闲散者认为无须满足他人的期待，因而不会听从外界的批判，做自己不愿做的事。然而，或许他在借用反对闲散者的理念并将其以闲散之名改头换面这一方面做得有点过火了。摆脱了工作，自我塑造和理性体验都成为可能；摆脱了评价，便实现了更高层次的自我。的确，尽管抨击工作这一占统治地位的意识形态，史蒂文森的建议却与贵族的闲散概念如出一辙：在一种毫不动摇的自我信念的支撑下，摆脱工作并漠视成就。不过，这个理论没有反驳的观点是：忽视对某种身份的承担，在有些方面让人无法接受。该理论暗暗地承认实现自我是有挑战性的，而其实它自身便是应对此挑战的另一种方式。

不过，史蒂文森的著作为我们提供了一种有用的策略，可用来对抗抵制闲散的言论。这个策略即是：与那些声称达到自由标准的常见道德立场相比，闲散在某些方面更好地满足了这些标准。接下来，这个策略将会转移到哲学范畴内，说明闲散作为一种自由的概念是有根据的（虽然此书一开始就探讨过，没有哪种将闲散上升为生活方式的论调能站得住脚）。正是闲散是一种暗中抵制而非"植物性"状态的概念，与诸多其他构建自由理论的哲学假设形成鲜明对比。

闲散与哲学家的自由

一

许多哲学家认为闲散是种原始、退步的体验。与闲散迥然相异的自由，应代表着其拥有者能够调控自我，臻至完善。这般自由不仅与环境达成和谐，而且是一项成就。当然，这一关于自由的崇高理念不被相信闲散即无聊的论点认可。但从某方面来看，这些论点确实主张闲散既不是自由也无法为实现自由提供条件。毕竟闲散把我们逼向无事可做的痛苦深渊。由于无聊的纠缠不清，因此对深受其扰的人来说，脱离闲散的自由，才是真的自由。叔本华可能认同以下想法：人类总是尽力摆脱自由。至于"无聊是一种潜在危险"的观点，还有一种不那么宏大的说法：我们想要的那种自由，其实是要做些容易分心的事。

若自由概念的理论基础薄弱，那么简单地将闲散置于自由的对立面，并不能得出"闲散即不自由"

的主张。那些理论难掩闲散耀眼的光芒。对许多人来说，对闲散本身的期待等同于渴望从任务与压力中解脱出来。闲散之所以受人珍视，是因为它是一种解脱的真实体验。然而，我们之前提到过，关于这类对闲散"病态的"主张（康德就会这么说）会有多种理解，内容主要视个体对劳动或繁忙的认同程度而定。如果在现象学层面讨论，那得到的仅仅是个人经历的交换罢了。

至于闲散是否可视为一种自由的问题，更有效或至少更契合的回答方式是：将闲散与理性自决的现代概念相对照。我们已知，正是现代自由的理念打着"真正"自由的旗号，正大光明、循规蹈矩地贬低"闲散者"概念。若一番对照之后，发现闲散与自主之类的经典理念相比更符合自我调控——自由的关键特质的满足条件，那么这个结果就至关重要。下列对照会同时涉及闲散的自由和某种特定类型的自主，对二者进行探析，旨在衡量二者分别在多大程度上符合被公认为自由的诸多特征（大多数概念可能一跳出哲学范畴便成了无稽之谈）。接下来，有两大问题从概念上为支持闲散提供理由，我们将会逐一讨论。首先，假定自主专享自由的某些特质。其次，自主与舒适的特征之间（或完全认同自己的行为之间）的关系。处理这两大问题，会重拾本书前两章分析过的材料。只不过，这里我们将以讨论的形式，围绕自由即闲散的主题呈现那些材料。在呈现比较作品之前，我得先简要说明是哪种自主站在闲散的对立面。

自主与努力

现今，"自主"一词的哲学意义已远超其原本的内涵范围。在某些用法中，只要行为者做出最低限度的决定，那自主就完全等同于非理性行为。某些观点认为，即便在做决定时受感情支配、由背景条件左右，或有自毁倾向，仍属于自主。可见，这种宽泛意义上的自主与闲散不会起大冲突。

相反，若从经典定义下的自主来看，闲散与严格意义上的自由相对。经典意义下的自主概念表明，自主的人的行动源于明确的有意识的自我管控，这种自我管控行为的依据是他们自己明确认可的理由。个体行为只有满足以下严格标准——属于能动者有意识的、客观的、有规划的、真正改善自我的自我指导，才符合"能动者"的角色。似乎还要具备更高级的自我透明（也就是知道怎样确定我们想克制的欲望），还有随之产生的自我管控能力。相较而言，闲散的体验似乎明显象征着能动性实践的匮乏。理性自我管控为我们应如何使自己成为具有杰出价值的人打下基础，也就是自我约束的人不再是第一或第二天性的主体。但这种进取心需要我们艰苦努力，走出舒适区。大多数严格意义上的自主理论都微言大义地告诫我们自主劳力伤神。我们只有努力实现自主，才能明白自己拥有的自主到底是常态的，还是在特殊境况下才出现的。从这方面来看，自主与幸福没有必然联系，虽然个别人会在自主的要求中找到喜悦。自主与爱情或友情般的积极状态不同，因为后者不必有压力为献身于既定事业而进行严格的自我管控。

虽然大多数相关理论都一致认同自主的斗争特征，但在到底什么是"负担"这一斗争的核心问题上却莫衷一是。它有可能是理性主宰的原则、对自身潜力的挖掘、实现理性的义务（把世界推回正轨）[3]、对全人类负责。我们已在第一章看到，康德的道德理论已探讨过自主的负担性特征。他乐意看到理性以让人不愉快的方式对我们施加权威。这使得自由之于人，离不了持久的心理斗争。早在席勒那个年代，批评家就如是恐吓般地告诫我们。这种斗争可能是持续不灭、生死攸关的，它是痛苦之源，却守在最高自由的左右。我们担心这种方式可能导致人们在理性与欲望之间无休止地摇摆不定。但有一个论点却打消了这种担忧：真正的自我是认可理性的。因此，在讨论我们真正想要什么的时候，欲望却失去了发言权。若自我给予自身以律法（法则或准则），那么这种自我的自由就要打上问号。很少有关于自主的理论能以这般清晰的方式认同理性应超越欲望的论点。然而，任何受康德影响的理论都坚持要求我们内心的积淀充盈，才能抵挡欲望的诱惑。

严格意义上的自主的特征，总是会打上艰巨要求的烙印。理查德·亚内森[1]这么说道："通常情况下自主的造诣是一种成就，也许需要意志的巨大努力。"[4]科尔斯戈德在自我构建理念中着重强调要殚精竭虑。她认为，一切理性存在的目标必定是让生命充满理性与正直。这些目标都不那么让人愉快，但这并不会对目标本身不利。目标是必须追寻的。科尔斯戈德告诉我们，"生而为人，拥有个人身份，成为理性能动者，其本身就是一种劳动形式"[5]。这种铿锵有力的话语，如同康德一般，旨在鼓励我们增强自身"能动性"，即

---

[1] 美国加州大学圣迭戈分校哲学教授，研究领域为伦理学、政治哲学。

能够通过反思自身信念与环境准则为自己的生命增效添彩。那些成就则是自由所包含的内容。

然而，在这个论点中，自由的其中一项特征得到了更多的关注。科尔斯戈德尤其关注从所在阶段的自由过程中解放出来。一场艰苦卓绝的变革，最终会使我们克服以下倾向：逃避本该成为的样子（"一名拥有自己身份的人"）。那么，无论我们在闲散中获得多少舒适感，在这个观点面前都显得无足轻重。相反，着手完成一项自我提升的任务——可以想象其成果应远远超出我们当下成就——才称得上自由。客观地自我反省后再付诸行动与通过评估欲求和需要后了解自己想要做什么之间是有差距的，两者相较，我们比较熟悉后一种方式。科尔斯戈德的观点基于以下假定：我们能够培养理性的个人身份。这个身份独一无二（因为它带有个人色彩），在我们每种行为背后都能找到它的身影。但这个身份并不独特——既然它是理性的，那么它显然能够应对其他理性的人认可的理智。就像托马斯·内格尔[1]解释的，严格意义上的自主理性，其"特点"在于"虽然与能动者相关，但丝毫无法体现能动者的主观自主"。⁶在这个背景下，以下事实为闲散赋予了意义：它对喜爱闲散的人来说是有价值的，因为闲散符合他们个人的主观需求。

从闲散的角度来看，严格意义上的自主概念包含对自由的要求，但这种自由令人不安，因而其本身价值是有疑问的。这些要求让我们削弱对自己独特的欲望与动机的熟识度，也就是远离我们的主观性。强力自主的支持者认为闲散的态度不过是在追寻一种可怜的、欲望决定行动的前自由状态。他们认为这无异于放弃自由。从这个角度来看，以上两种立场包含对人类真正应该认可什么的不同世俗视角。闲散的体验自视为一种自由，包容完整的人活在当下。而自主就如同一项具有前瞻性、变革性的工程，该工程包含

---

[1] 美国哲学家，代表作有《利他主义的可能性》《人的问题》《理性的权威》。

更高层次的我们，目的是掌管我们的具体决定，抑或
是我们的整个生命。

闲散与自主

如果我们听从某些理论家的建议，认为只有那种
严格意义上的自主才能准确诠释自由，那么历史就会
重演，闲散将再不能被称为自由的一种形式。毕竟，
闲散与让人殚精竭虑的自主所象征的一切理念格格不
入。然而，两者鲜明的对比掩盖的恰巧是闲散的那些
完美契合自由受人认可的方面的特征。

（1）"闲散的自由"与自主之间的一种隐含矛盾，
将二者分别置于消极的与积极的自由概念之下。需要
自我管控、让人不堪重负的自主毋庸置疑会被认作积
极的自由。而将闲散称作消极的自由却错位了。这是
因为闲散不仅是挣开某些约束的"自由"，而且应被理
解为旨在摆脱尤其是那些来自社会习俗方面约束的积
极而自由的体验。更准确地说，闲散是某种情境下的

自由，对我们应如何生活的倡议持一种了然的淡泊、含蓄的抵御态度。这些倡议包括渴望凭工作获得自我认同感，如进取、名望、成功，等等。闲散也是一种愉快的感觉，当我们拥有摆脱这些期待的自由时会体会到。因此，渴望闲散的自由并非渴望道德中立且能任意添加内容的空间。渴望闲散不过就是喜欢闲散而已。

正是在这种情景下，可以说闲散在这方面象征了比某些理论层面的自主更真实的自由。由于我们习惯于将社会倡导当作某种痛苦的压力，因而会将其当作横在我们顺性而为前面的阻碍。相比较而言，自主则接纳自由应解决并应对那些挑战的事实。在下列尤其典型的例子中，这一点显而易见：康德提出有用性的概念；黑格尔坚持认为若要实现真正的自由就必须接受实践教育。当然，有不同依据可用来反对有用性原则。例如，与教化有关的价值观念提供了反对原则的一种方式，虽然难以下手却引人注目。"闲散的自由"

这一概念指向一种生活，其中我们的积极性不受更高层次的自我愿景的干扰，当这种自我受高生产效率与勤奋的自我的概念影响时尤其如此。就是用这种方式，闲散的自由有了内涵意义。在自己闲散的自由中，我们有意识地漠视有用性及其相关规则。可以说，我们对他人以自主的名义准备承担的重负淡然远之。至少从这个意义上来说我们知道自己为何做出这些选择。"承担自主对我们提出的种种要求会得到某种升华"这一概念无法打动我们。摆脱我们无须认同的负担（除非我们听从哲学家的建议），是我们想要使自由具备的标准特征。应强调的是，这里的关键在于一种极为具体的自由：从眼前这种效率型社会的特定行为规范中解放出来。

（2）使自我管理概念从自主对其独占的所有权中脱离至关重要。就像自主一样，闲散也可被理解为在特定的自由状态下抑制欲望的自我管控。根据某些积极自由的观点，欲望的形成是不利于自由的。约翰·克里斯特曼[1]认为，"自我管控的人至少要满足下列条件：不因欲望而动摇，也不被长期压迫她的价值观左右"[7]。现今仍众说纷纭的是，积极的社会化与压抑的社会化之间分界点到底在哪里。有人认为，后者会把价值观强加于人，使他们与家人或同时代的其他社会成员相比处于不利地位。积极的社会化更纯粹，人们不可避免地受到生养自己的家乡的风俗教化。判断是哪种社会化要运用批判的视角。可能从一开始看起来是积极的，后来却成了压抑的，因为我们对事物的理解会随着价值观的变化而变化。

不过从闲散即自由的立场来看，这两种社会化之间是否存在差异并不重要。毕竟，二者都认可的是，若我们想被称作是有价值的或成功的，就必须以独特方式在社会化空间内行动。闲散即自由可被解释为一种态度，如犬儒派人士那样，面对在社会形成的过程

---

[1] 美国宾夕法尼亚州立大学哲学、政治学教授。

中向我们施压的理念，丝毫不为所动。不管社会形成对我们（社会主体）的生活不利或有利，我们都不为所动（有关自主的经典概念认为，社会形成为我们作为社会成员带来显著益处）。闲散者不用沮丧地为了名望而工作，尽管备受压抑却有用。

（3）与自主相对，闲散似乎与哪怕是最广泛意义上的"道德"都没什么联系。因此，闲散作为一种生活方式的卑劣再次显露无遗。人们可能以为，闲散的支持者并不介意接受闲散这种让人轻视的特点。毕竟在闲散中，我们难以找到烂熟的伦理道德，而这竟然为它增添了一种特色。但假如这一特色被我们无视，那么"闲散即自由"的假设有所缺失，也就是说，闲散缺失了一切美好生活的理念，只得沦为某种懒惰（黑格尔关于懒惰野蛮人的描述正是鲜明的例证）。这样一来，闲散又与自由分道扬镳，因为它仅是一种基础生活形式，空洞得没有任何实质。可能还有人相信，闲散是一种毫无意义、任性而为的生命历程，就像哈里·法兰克福[1]归为放纵的特征一样——味同嚼蜡、索然无味（这似乎是克里斯汀·科尔斯戈德对那些偏爱闲散的人的看法）。这样闲散与自由的关系甚微，因为它不会有意识地表达对某事的偏爱（不在意本应在意的事）。那么，闲散者就是对生活的种种选择漠然视之的人。这里关键的是，对自决规则和原则的"自主"遵守，并不是在意自己做什么的前提。道德可被充分理解为确认自己想遵照什么理念行事的过程，在此过程中我们不一定会受到以下顾虑的约束：是否有助于完善诚实品性，或我们的行为是否高度符合所处世界的习俗制度。

若闲散仅意味着冲动的生活，那么我们无法称其为自由的一种形式。然而没必要将人类行为的选择贬低为肆意妄为，抑或推崇为充实而理性的自决。这二者之间仿佛存在斯坦利·本恩[2]认为的"自给自足"状

[1] 普林斯顿大学哲学教授，代表作有《论扯淡》。
[2] 澳大利亚政治与社会哲学家，代表作有《政治思想原理》《自由的理论》。

态。[8]自给自足不似自主般要求我们应根据以下原则约束自己的欲望：既可为我们提供理性而普遍的规则，又把我们的行为梳理得连贯一致。然而若想做到自给自足，我们必会将自己视为行动者，追求我们认为适合的生活。将闲散和其他诸多生活态度置于这个行为层面是绝对可行的。的确，闲散与没那么苛刻的自主概念并不相悖。例如，约瑟夫·拉兹[1]认为，自主生活的特征就是"能够控制并创造"自己的生活。[9]从这方面来说，闲散不一定等同于肆意妄为。闲散并非摘自一则感性十足而情节曲折的故事。它是一种有道德的生活方式，它了解自身的一切需求与义务。但从原则上来讲，关于自由和正直的传统故事却对这些需求与义务构成威胁。适当控制也不意味着实行自我否定机制。只要我们能明白什么生活方式才适合自己就足够了。不合常规的严格自主并不会藏匿于其间。它的

---

[1]　当代英国哲学家，牛津大学法哲学教授。

起始点与经典模式相比极为不同。那种模式将人类自由描绘成一种胜利，克服了对理性、原则、生活计划、有用性等的不情愿情绪。相较而言，闲散的自由却认同那些不情愿情绪。

我们刚刚探究的种种对比，让有些传统上与自由相关的概念浮出水面。或许我们发现，闲散包含一种意识，它使我们依据自己认定的价值观行事，同时也符合我们自己对喜欢做的事的理解。闲散通常被领会为一种脱离了压力的自由，这种压力似乎使我们成为某种独特类型的人——以一种看似空洞却假设正当的方式，要求我们把自己的生命故事和他人的相联结。闲散不会使幸福沦为更高原则或其他内心斗争的牺牲品。闲散的自我自得其乐。

正如前文提到的，也难怪如今有些哲学家会弱化自主的负担，不再强调在我们的举止与自我理解中占显著地位的客观理性与自我完整性的重要性。在这个背景下，或许不必再含蓄暗示对闲散的贬损，这将取决于我们是否可以在下列情况下询问关于自由的问题：不必在现代社会需要的人物类型概念框架内刻意编织答案。这种变化的含义非同小可，它在我们眼前勾勒出一幅令人难以置信的景象：我们再也不凭借有用性、有竞争力的社会身份、持久自制力来架构自己的体验了。从这一角度来看，对闲散的重新评价，同样是对推崇上述生活方式的自由概念的一种批判。

注释

引言 哲学与闲散

1. I am sympathetic to a rejection of the idea that criticism must be constructive for the additional reason set out by Geuss, namely, that it burdens the critic into silence. See Raymond Geuss, *A World without Why* (Princeton, NJ: Princeton University Press, 2014), chap. 4.

2. William Morris, "Signs of Change," in *The Collected Works of William Morris*, ed. Mary Morris (Cambridge: Cambridge University Press, 1915), 23:20.

3. As Hume put it in the advertisement for the volume in which this essay appears, *Essays, Moral and Political* (1742).

4. David Hume, "The Epicurean," in *The Philosophical Works of David Hume* (Edinburgh: Adam Black and William Tait, 1826), 3:157–59.

5. Hume, "The Epicurean," 3:160–61. Hume nevertheless winks at an intimate sensuousness through the figure of Caelia.

6. Hume famously claims that "there is a great uniformity among the actions of men, in all nations and ages, and that human nature remains still the same, in its principles and operations" (David Hume, *Enquiries concerning Human Understanding and concerning the Principles of Morals*, ed. L. A. Selby-Bigge and P. H. Nidditch [Oxford: Clarendon Press, 1975], 83).

7. Friedrich Schlegel, *Lucinde, and the Fragments*, trans. Peter Firchow (Minneapolis: University of Minnesota Press, 1971), 63, 65, 66, 65, 68 (emphasis added), 65.

8. Jean-Jacques Rousseau, *The Confessions*, in *The Collected Writings of Rousseau*, ed. Christopher Kelly, Roger D. Masters, and Peter G. Stillman; trans. Christopher Kelly (Hanover, NH: University Press of New England, 1995), 5:537.

9. David James, *Rousseau and German Idealism: Freedom, Dependence and Necessity* (Cambridge: Cambridge University Press, 2013), 204.

10. Jean-Jacques Rousseau, *Emile, or on Education*, in *The Collected Writings of Rousseau*, trans. and ed. Christopher Kelly and Allan Bloom (Hanover, NH: University Press of New England, 1995), 13:187.

11. Pentti Ikonen and Eero Rechardt, *Thanatos, Shame and Other Essays* (London: Karnac, 2010), 28.

12. Sigmund Freud, "The Economic Problem of Masochism," in *The Standard Edition of the Complete Psychological Works of Sigmund Freud*, ed. James Strachey, Anna Freud, Alix Strachey, and Alan Tyson (London: Vintage, 2001), 19:160.

13. Martha Nussbaum, *The Fragility of Goodness: Luck and Ethics in Greek Tragedy and Philosophy*, 2nd. ed. (Cambridge: Cambridge University Press, 2001), 449.

第一章 我们值得拥有自由

1. Jean-Paul Sartre, *Existentialism and Humanism*, trans. Philip Mairet (London: Methuen, 1948), 29, 30.

2. Christine M. Korsgaard, *Self-Constitution, Agency, Identity, and Integrity* (Oxford: Oxford University Press, 2009), 69.

3. Robert Burton, *The Anatomy of Melancholy*, ed. Thomas C. Faulkner, Nicolas K. Kiessling, and Rhonda L. Blair (Oxford: Oxford University Press, 1994), 3:445.

4. Burton, *The Anatomy of Melancholy*, ed. Thomas C. Faulkner, Nicolas K. Kiessling, and Rhonda L. Blair (Oxford: Oxford University Press, 1989), 1:6.

5. Burton, *Anatomy of Melancholy*, 1:238.

6. A useful survey of the perceived consequences of idleness among moralists in the century prior to Burton can be found in Ann Wagner, "Idleness and the Ideal of the Gentlemen," *History of Education Quarterly* 25, nos. 1/2 (1985): 41–55.

7. Burton, *Anatomy of Melancholy*, 1:240.

8. Robert Burton, *The Anatomy of Melancholy*, ed. Nicolas K. Kiessling, Thomas C. Faulkner, and Rhonda L. Blair (Oxford: Oxford University Press, 1990), 2:68.

9. Burton, *Anatomy of Melancholy*, 1:240.

10. Burton, *Anatomy of Melancholy*, 2:68.

11. Burton, *Anatomy of Melancholy*, 2:84, 90.

12. Seneca, "De otio," in *Moral Essays*, trans. John W. Basore, Loeb Classical Library (Cambridge, MA: Harvard University Press, 1932), 2:189, 195.

13. Burton, *Anatomy of Melancholy*, 1:302 and passim, 2:95, 1:241. Burton, we can see from his text, recommends the study of the great writers and the important sciences. That material is ab-

sorbing and distracting. It appears, though, that the possibility of a more just society must not be drawn from that study, a conclusion quite in contrast to Seneca's.

14. Burton, *Anatomy of Melancholy*, 1:122.

15. Jean Calvin, *Institutes of the Christian Religion*, trans. Henry Beveridge (Peabody, MA: Hendrickson, 2008), bk. 3, chap. 8, sec. 5, p. 460.

16. This is outlined in some detail in Richard Adelman, *Idleness, Contemplation and the Aesthetic, 1750–1830* (Cambridge: Cambridge University Press, 2011), chap. 1.

17. Adam Ferguson, *Principles of Moral and Political Science*, quoted in Adelman, *Idleness*, 21.

18. Immanuel Kant, "An Answer to the Question: 'What Is Enlightenment?,'" in Kant, *Political Writings*, ed. Hans Reiss (Cambridge: Cambridge University Press, 1991), 58, 54, 58.

19. Immanuel Kant, "Idea for a Universal History with a Cosmopolitan Purpose," in Kant, *Political Writings*, p. 43.

20. Kant, "Idea for a Universal History," 43.

21. Kant, "Idea for a Universal History," 44.

22. Kant, "Idea for a Universal History," 45.

23. Josef Pieper also notes Kant's insistence on effort as the means of achieving truth (Pieper, *Leisure: The Basis of Culture*, trans. Alexander Dru [London: Collins Fontana, 1965], 26–27). Kant makes that claim in his critique of enthusiastic philosophy, a philosophy that believes truth can be immediately gained through feeling. Pieper opposes Kantian work with leisure, but by leisure he ultimately means contemplation and prayerfulness. In some respects his notion of leisure corresponds with the notion of idleness pursued in this study, even though Pieper wishes to expose idleness as an inferior form of experience (cf. pp. 42–43), but ultimately his notion is subordinate to a purpose rooted in categories

of metaphysical transcendence.

24. Kant, "Idea for a Universal History," 44.

25. Kant, "Idea for a Universal History," 45.

26. Kant, "Idea for a Universal History," 46. Though a further metaphor seems to doubt this straightness of line: "Nothing straight can be constructed from such warped wood as that which man is made of" (ibid., 46).

27. Immanuel Kant, *Groundwork of the Metaphysics of Morals*, trans. Mary Gregor (Cambridge: Cambridge University Press, 1997), 31.

28. Kant, *Groundwork of the Metaphysics of Morals*, 32.

29. Immanuel Kant, *Critique of Practical Reason*, trans. Mary Gregor (Cambridge: Cambridge University Press, 1997), 69, 71.

30. Kant, *Groundwork of the Metaphysics of Morals*, 59.

31. Kant, *Groundwork of the Metaphysics of Morals*, 32–33.

32. Kant, *Groundwork of the Metaphysics of Morals*, 33.

33. Kant, *Groundwork of the Metaphysics of Morals*, 33.

34. Reinhart Koselleck, *The Practice of Conceptual History: Timing History, Spacing Concepts*, trans. Todd Samuel Presner et al. (Stanford, CA: Stanford University Press, 2002), 176.

35. Wilhelm von Humboldt, *The Limits of State Action*, trans. J. W. Burrow (Cambridge: Cambridge University Press, 1969), 17.

36. Frederick C. Beiser, *The Romantic Imperative: The Concept of Early German Romanticism* (Cambridge, MA: Harvard University Press, 2003), 92.

37. Humboldt, *Limits of State Action*, 80.

38. Rudolf Vierhaus, "Bildung," in *Geschichtliche Grundbegriffe*, ed. Otto Brunner, Werner Conze, and Reinhart Koselleck (Stuttgart: Klett-Cotta, 1972), 1:519.

39. Quoted in W. H. Bruford, *The German Tradition of Self-Cultivation: "Bildung" from Humboldt to Thomas Mann* (Cam-

bridge: Cambridge University Press, 1975), vii.

40. E. Lichtenstein, "Bildung," in *Historisches Wörterbuch der Philosophie*, ed. Joachim Ritter (Basel: Schwabe, 1971), 1:925.

41. Hans Weil, *Die Entstehung des deutschen Bildungsprinzips* (Bonn: H. Bouvier und Co. Verlag: 1967), 266.

42. Johann Wolfgang von Goethe, *Wilhelm Meister's Apprenticeship and Travels*, trans. Thomas Carlyle, 3 vols. (London: Chapman and Hall, 1874), 1:195, 196.

43. Goethe, *Wilhelm Meister's Apprenticeship and Travels*, 1:209.

第二章　工作、闲散与尊重

1. Thorstein Veblen, *The Theory of the Leisure Class: An Economic Study of Institutions* (London: George Allen and Unwin, 1925), 43.

2. Bertrand Russell, *In Praise of Idleness and Other Essays* (Abingdon: Routledge, 2004), 8.

3. Leo Tolstoy, *War and Peace*, trans. Amy Mandelker (Oxford: Oxford University Press, 2010), 522.

4. G.W.F. Hegel, *Phenomenology of Spirit*, trans. A. V. Miller (Oxford: Oxford University Press, 1977), 80.

5. Hegel, *Phenomenology of Spirit*, 116.

6. Hegel, *Phenomenology of Spirit*, 116.

7. Hegel, *Phenomenology of Spirit*, 117, 118, 119.

8. Hegel, *Phenomenology of Spirit*, 118–19.

9. Alexandre Kojève, *Introduction to the Reading of Hegel: Lectures on the Phenomenology of Spirit*, ed. Raymond Queneau and Allan D. Bloom; trans. H. J. Nichols (Ithaca, NY: Cornell University Press, 1980), 20.

10. G.W.F. Hegel, *Elements of the Philosophy of Right*, ed. Allen W. Wood; trans. H. B. Nisbet (Cambridge: Cambridge University Press, 1991), § 188, p. 226.

11. Hegel, *Elements of the Philosophy of Right*, § 189, p. 227.

12. Hegel, *Elements of the Philosophy of Right*, § 192, p. 229.

13. Hegel, *Elements of the Philosophy of Right*, § 190A, p. 229.

14. Hegel, *Elements of the Philosophy of Right*, § 192A, p. 230.

15. Hegel, *Elements of the Philosophy of Right*, § 190, p. 228.

16. Hegel, *Elements of the Philosophy of Right*, § 194, p. 230.

17. Hegel, *Elements of the Philosophy of Right*, § 194, p. 231.

18. Hegel, *Elements of the Philosophy of Right*, § 195A, p. 231.

19. Hegel, *Elements of the Philosophy of Right*, § 195A, p. 231.

20. Hegel, *Elements of the Philosophy of Right*, § 197, p. 232.

21. In lectures that preceded the publication of the *Philosophy of Right*, Hegel notes, "The poor man feels as if he were related to an arbitrary will, to human contingency, and in the last analysis what makes him indignant is that he is put into this state of division through an arbitrary will. Self-consciousness appears driven to the point where it no longer has any rights, where freedom has no existence" (quoted in the editorial notes to Hegel, *Elements of the Philosophy of Right*, 453).

22. Indeed, back in the *Phenomenology of Spirit*, Hegel speaks about usefulness in less approving terms. When considering the disruptive effects on "faith" produced by the Enlightenment, he worries that we have reduced ourselves merely to utility. We try to make all aspects of the world useful to us, and this includes making ourselves useful. He says, with some concern, that in these times it is the "vocation" of each person "to make himself a member of the group, of use for the common good and serviceable to all. The extent to which he looks after his own interests must also be matched by the extent to which he serves others, and so far as he

serves others, so far is he taking care of himself: one hand washes the other. But wherever he finds himself, there he is in his right place; he makes use of others and is himself made use of" (Hegel, *Phenomenology of Spirit*, 342–43).

23. Sarah Jordan, *The Anxieties of Idleness: Idleness in Eighteenth-Century British Literature and Culture* (Lewisburg, PA: Bucknell University Press, 2003), 138. Jordan argues that where industry became a supreme virtue, it was thought not be a wrong to compel the idle to work, up to and including slavery. Hegel certainly does not entertain exploitation, even though his views of the non-industrious people of the exotic world are consonant with the conventional wisdom of his times.

24. Hegel, *Elements of the Philosophy of Right*, § 197, p. 232.

25. Hegel writes, "Poverty in itself does not reduce people to a rabble; a rabble is created only by the disposition associated with poverty, by inward rebellion against the rich, against society, the government, etc. It also follows that those who are dependent on contingency become frivolous and lazy [*arbeitsscheu*], like the *lazzaroni* of Naples, for example" (*Elements of the Philosophy of Right*, § 244A, p. 266).

26. Rousseau, curiously, went even further. The right kind of practical education will ensure that we will never idle, even when we are utterly free—as Rousseau's Emile is supposed to be—from the need for social recognition. The right habituation to manual labor, Rousseau notes, "counterbalances ... the idleness which would result from his indifference to men's judgments and from the calm of his passions ... (Jean-Jacques Rousseau, *Emile, or on Education*, in *The Collected Writings of Rousseau*, trans. and ed. Christopher Kelly and Allan Bloom [Hanover, NH: University of New England Press, 1995], 13:353).

27. Roland Paulsen, *Empty Labor: Idleness and Workplace*

Resistance (Cambridge: Cambridge University Press, 2014), 175.

28. What Marx has to say about idleness in the later *Capital* is more straightforward and does not need to be critically examined within the framework of this study. In that text he repeatedly brings to our attention the self-evident unacceptability of a system that leaves one class with the freedom to idle while another must labor under the most abysmal circumstances. In this context, idleness has a direct connection with exploitation, a connection that an assortment of capitalist propagandists cited by Marx, attempt to justify.

29. Karl Marx, "Comments on James Mill, *Elémens d'économie politique*," in Karl Marx and Friedrich Engels, *Collected Works* (London: Lawrence and Wishart, 1975), 3:224.

30. Marx, "Comments on James Mill," 3:227.

31. Marx, "Comments on James Mill," 3:227–28.

32. Karl Marx and Friedrich Engels, *The German Ideology*, in Marx and Engels, *Collected Works*, 5:217.

33. Marx and Engels, *German Ideology*, 5:218.

34. Marx and Engels, *German Ideology*, 5:218.

35. John Dewey, *Democracy and Education*, in *The Middle Works of John Dewey 1899–1924*, ed. Jo Ann Boydston (Carbondale, IL: Southern Illinois University Press, 2008), 9:265.

36. Marx and Engels, *German Ideology*, 5:218.

37. Marx and Engels, *German Ideology*, 5:218.

38. Karl Marx, *The Poverty of Philosophy: Answer to the Philosophy of Poverty by M. Proudhon*, in Marx and Engels, *Collected Works* (London: Lawrence and Wishart, 1976), 6:142.

39. Marx, *Poverty of Philosophy*, 6:142.

40. Marx, *Poverty of Philosophy*, 6:142.

41. Marx, *Poverty of Philosophy*, 6:142.

42. Marx, *Poverty of Philosophy*, 6:142.

43. Karl Marx, *Outlines of the Critique of Political Economy*, in Marx and Engels, *Collected Works* (London: Lawrence and Wishart, 1986), 28:529–30.

44. Karl Marx, *Economic and Philosophic Manuscripts of 1844*, in Marx and Engels, *Collected Works* (London: Lawrence and Wishart, 1975), 3:274.

45. Marx, *Outlines of the Critique of Political Economy*, 28:532.

第三章　无聊的挑战

1. Immanuel Kant, *Anthropology from a Pragmatic Point of View*, trans. Robert B. Louden (Cambridge: Cambridge University Press, 2006), 43.

2. Patricia Meyer Spacks, *Boredom: The Literary History of a State of Mind* (Chicago: University of Chicago Press, 1995), 9.

3. Thomas Goetz et al., "Types of Boredom: An Experience Sampling Approach," *Motivation and Emotion* 38 (2014): 403–4.

4. Lars Svendsen, *A Philosophy of Boredom*, trans. John Irons (London: Reaktion Books, 2005), 41–42. Svendsen draws, in this instance, on the work of Martin Doehlemann.

5. Peter Toohey, *Boredom: A Lively History* (New Haven, CT: Yale University Press, 2001), 4.

6. P. James Geiwitz, "Structure of Boredom," *Journal of Personality and Social Psychology* 3, no. 5 (1966): 593. Geiwitz is reporting the view of J. E. Barmack.

7. Reinhard Kuhn, *The Demon of Noontide: Ennui in Western Literature* (Princeton, NJ: Princeton University Press, 1976), 12. One of Maria Edgeworth's narrators asks, "Among the higher classes, whether in the wealthy or the fashionable world, who is unacquainted with *ennui*?" (Edgeworth, *The Novels and Selected*

Works of Maria Edgeworth, ed. Jane Desmarais, Tim McLoughlin, and Marilyn Butler [London: Pickering and Chatto, 1999], 1:162).

8. As one study puts it, "Rather than fighting boredom we would do well to pause and learn from the experience. From the psychodynamic perspective, the experience of boredom is important because it provides an opportunity to discover the possibility and content of one's desire" (J. D. Eastwood et al., "A Desire for Desires: Boredom and Its Relation to Alexithymia," *Personality and Individual Differences* 42 [2007]: 1043).

9. Toohey, *Boredom*, 174.

10. Arthur Schopenhauer, *The World as Will and Representation*, trans. E.F.J. Payne (New York: Dover Publications, 1969), 1:364, 164, 322.

11. Schopenhauer, *World as Will and Representation*, 1:260.

12. Schopenhauer, *World as Will and Representation*, 1:375. Similarly, when willing and desire seem to be synonyms, "[t]he basis of all willing, however, is need, lack, and hence pain" (ibid., 1:312).

13. Schopenhauer, *World as Will and Representation*, 1:315.

14. Schopenhauer, *World as Will and Representation*, 1:313.

15. Arthur Schopenhauer, *The World as Will and Representation*, trans. E.F.J. Payne (New York: Dover Publications, 1966), 2:492.

16. Schopenhauer, *World as Will and Representation*, 1:318.

17. Schopenhauer, *World as Will and Representation*, 1:313–14.

18. Bernard Reginster, "Schopenhauer, Nietzsche, Wagner," in *A Companion to Schopenhauer*, ed. Bart Vandenabeele (Malden, MA: Wiley Blackwell, 2012), 352.

19. Schopenhauer, *World as Will and Representation*, 1:260.

And: "For desire and satisfaction to follow each other at not too short and not too long intervals, reduces the suffering occasioned by both to the smallest amount, and constitutes the happiest life" (ibid., 314).

20. Schopenhauer, *World as Will and Representation*, 1:313.

21. Arthur Schopenhauer, *Parerga and Paralipomena*, trans. E.F.J. Payne (Oxford: Oxford University Press, 1974), 1:331, 332.

22. Schopenhauer, *Parerga and Paralipomena*, 1:331, 332.

23. Ivan Soll, "Schopenhauer on the Inevitability of Unhappiness," in Vandenabeele, *A Companion to Schopenhauer*, 307. We might note that the confusion is not due to the similarity of the words, since in German they are *Befriedigung* and *Sättigung*.

24. Schopenhauer, *World as Will and Representation*, 1:313.

25. Schopenhauer, *World as Will and Representation*, 1:325.

26. Schopenhauer, *World as Will and Representation*, 2:444.

27. Schopenhauer, *World as Will and Representation*, 2:152.

28. Schopenhauer, *World as Will and Representation*, 2:154.

29. Schopenhauer, *World as Will and Representation*, 2:154.

30. Friedrich Nietzsche, *Human, All Too Human*, trans. R. J. Hollingdale (Cambridge: Cambridge University Press, 1996), § 611.

31. Nietzsche, *Human, All Too Human*, § 283.

32. Nietzsche, *Human, All Too Human*, § 291.

33. Søren Kierkegaard, *Either/Or*, trans. David F. Swenson and Lillian Marvin Swenson (Princeton, NJ: Princeton University Press, 1959), 1:285.

34. Kierkegaard, *Either/Or*, 1:285.

35. Simone de Beauvoir, *The Second Sex*, trans. H. M. Parshley (London: Jonathan Cape, 1953), 157.

36. De Beauvoir, *Second Sex*, 157.

37. De Beauvoir, *Second Sex*, 268n.

38. De Beauvoir, *Second Sex*, 562.

39. De Beauvoir, *Second Sex*, 663.

40. De Beauvoir, *Second Sex*, 562.

第四章 玩乐即闲散

1. Bertrand Russell, *In Praise of Idleness and Other Essays* (Abingdon: Routledge, 2004), 11.

2. Friedrich Schiller, *On the Aesthetic Education of Man in a Series of Letters*, trans. Elizabeth M. Wilkinson and L. A. Willoughby (Oxford: Clarendon Press, 1967), letter 6, p. 35.

3. Schiller, *Aesthetic Education*, letter 4, p. 21.

4. For an account of Schiller's worries, throughout his philosophical writings, about the "despotic" nature of moral law, see R. D. Miller, *Schiller and the Ideal of Freedom: A Study of Schiller's Philosophical Works with Chapters on Kant* (Oxford: Clarendon Press, 1970), 51–54.

5. Schiller, *Aesthetic Education*, letter 4, p. 21.

6. Beiser neatly expresses this difference: "*Kant subordinates humanity to morality whereas Schiller subordinates morality to humanity*" (Frederick C. Beiser, *Schiller as Philosopher: A Re-examination* [Oxford: Clarendon Press, 2006], 186).

7. Schiller, *Aesthetic Education*, letter 3, p. 11.

8. Schiller, *Aesthetic Education*, letter 15, p. 107.

9. Schiller actually holds two views of where play stands in relation to higher necessity. Higher necessity is directly manifest in actual aesthetic/play experience (play is fulfilled freedom), but it also has a teleological status in that it is a necessity that becomes evident to those human beings who have learned how to play in Schiller's sense (play alerts us to moral freedom). Eva Schaper sees

this ambivalence in the very idea of aesthetic education itself: "[I]t is not altogether clear when Schiller speaks of 'aesthetic education' whether it is education *to* the aesthetic, understood as the ideal state for man to attain, or *through* which ordinary living can be enhanced" (Schaper, "Towards the Aesthetic: A Journey with Friedrich Schiller," *British Journal of Aesthetics* 25 [1985]: 156).

10. Schiller, *Aesthetic Education*, letter 11, p. 77.

11. Schiller, *Aesthetic Education*, letter 15, p. 101.

12. Schiller, *Aesthetic Education*, letter 3, p. 165.

13. Schiller, *Aesthetic Education*, letter 12, p. 79n (translation changed).

14. Schiller, *Aesthetic Education*, letter 13, p. 85.

15. Schiller, *Aesthetic Education*, letter 7, p. 46.

16. Schiller, *Aesthetic Education*, letter 4, p. 17.

17. Schiller, *Aesthetic Education*, letter 3, p. 13.

18. Schaper, "Towards the Aesthetic," 164.

19. Schiller, *Aesthetic Education*, letter 13, p. 89.

20. Schiller, *Aesthetic Education*, letter 13, p. 89.

21. Schiller, *Aesthetic Education*, letter 14, p. 97.

22. Schiller, *Aesthetic Education*, letter 15, p. 109.

23. Schiller, *Aesthetic Education*, letter 15, p. 109.

24. Schiller, *Aesthetic Education*, letter 21, pp. 145–47.

25. Beiser, *Schiller as Philosopher*, 155.

26. Schiller, *Aesthetic Education*, letter 4, p. 17.

27. Schiller, *Aesthetic Education*, letter 4, p. 23.

28. Anthony Savile, *Aesthetic Reconstructions: The Seminal Writings of Lessing, Kant and Schiller*, Aristotelian Society Series (Oxford: Basil Blackwell, 1987), 8:205. Savile acknowledges (on 208n) that this account of Schiller may seem to be "fanciful" but corroborates it with reference to claims found elsewhere in Schiller's writings.

29. Savile, *Aesthetic Reconstructions*, 8:205.

30. Schiller, *Aesthetic Education*, letter 13, p. 87.

31. Herbert Marcuse, *Eros and Civilization: A Philosophical Inquiry into Freud* (London: Routledge and Kegan Paul, 1956), 37–38.

32. Marcuse, *Eros and Civilization*, 36. Freud famously writes, "Under the influence of the ego's instincts of self-preservation, the pleasure principle is replaced by the reality principle" (Sigmund Freud, *Beyond the Pleasure Principle*, in *The Standard Edition of the Complete Psychological Works of Sigmund Freud*, ed. James Strachey, Anna Freud, Alix Strachey, and Alan Tyson [London: Vintage, 2001], 18:10).

33. Marcuse, *Eros and Civilization*, 44.

34. Marcuse, *Eros and Civilization*, 211. The phrase "neurotic necessity" is quoted by Marcuse from C. B. Chisholm's *The Psychiatry of Enduring Peace and Social Progress*.

35. Marcuse, *Eros and Civilization*, 177. On this point Marcuse diverges from Schaper's tenable claim that anyone "who looks for a deliberate continuation of the thought of the *Critique of Judgment* [in Schiller's text] . . . looks in vain" (Schaper, "Towards the Aesthetic," 157). Schaper seems to be on safer ground by heeding Schiller's own statement on the absence of any systematic connection between his theory and Kant's.

36. Marcuse, *Eros and Civilization*, 187, 188.

37. Marcuse, *Eros and Civilization*, 45.

38. Karl Marx, *Economic and Philosophic Manuscripts of 1844*, in Karl Marx and Friedrich Engels, *Collected Works* (London: Lawrence and Wishart, 1975), 3:274.

39. Marcuse, *Eros and Civilization*, 220–21.

40. Marcuse, *Eros and Civilization*, 214. The last sentence is a quote from Barbara Lantos.

41. Marcuse, *Eros and Civilization*, 161.

42. Marcuse, *Eros and Civilization*, 162, 164.

43. Marcuse, *Eros and Civilization*, 171.

44. Marcuse, *Eros and Civilization*, 188.

45. Marcuse, *Eros and Civilization*, 195.

46. Marcuse, *Eros and Civilization*, 156.

47. Herbert Marcuse, "The Realm of Freedom and the Realm of Necessity: A Reconsideration," *Praxis: A Philosophical Journal* 5 (1969): 22.

48. Marcuse, *Eros and Civilization*, 152.

49. Sigmund Freud, "The Ego and the Id," in *Standard Edition*, 19:25.

50. Marcuse, *Eros and Civilization*, 156.

51. Marcuse notes both his debt to Marx and the fact that Marx did not adhere to this speculative solution (Marcuse, "Realm of Freedom and the Realm of Necessity," 22).

52. Marcuse, *Eros and Civilization*, 215.

53. Morton Schoolman, "Further Reflections on Work, Alienation, and Freedom in Marcuse and Marx," *Canadian Journal of Political Science / Revue canadienne de science politique* 6, no. 2 (1973): 302.

54. Marcuse, *Eros and Civilization*, 215.

55. Marcuse, "Realm of Freedom and the Realm of Necessity," 23–24.

第五章　闲散即自由

1. Robert Louis Stevenson, *An Apology for Idlers* (1877; London: Penguin, 2009), 1, 4, 7, 8.

2. Stevenson, *Apology for Idlers*, 7.

3. John McDowell, "Autonomy and Its Burdens," *Harvard Review of Philosophy* 17 (2010).

4. Richard J. Arneson, "Freedom and Desire," *Canadian Journal of Philosophy* 15 (1985): 434.

5. Christine M. Korsgaard, *Self-Constitution, Agency, Identity, and Integrity* (Oxford: Oxford University Press, 2009), 26.

6. Thomas Nagel, *The View from Nowhere* (Oxford: Oxford University Press, 1986), 181.

7. John Christman, "Liberalism and Individual Positive Freedom," *Ethics* 101, no. 2 (1991): 345.

8. Stanley Benn, *A Theory of Freedom* (Cambridge: Cambridge University Press, 1988), 152 ff.

9. Joseph Raz, *The Morality of Freedom* (Oxford: Oxford University Press, 1986), 408.

致谢

　　十分荣幸能同普林斯顿大学出版社的本·泰特合作。自我俩初次讨论撰写一本有关闲散的书开始，他便提出了许多真知灼见。费边·弗雷恩哈根、欧文·胡拉特、迈克·罗森、利贝拉托·桑托罗·布里恩查以及汤姆·斯特恩等人都特别热心，针对我想选用的素材，提出了广泛而弥足珍贵的建议。我在参加包括自己大学在内的多方会议以及座谈时收到的许多问题在书里都有提及。贝丝·詹法尼亚十分用心地审阅了我的手稿。尽管如此，我最感激的人依然是艾琳·布伦南，她对我知根知底，给了我莫大的支持。

闲散的哲学

[爱尔兰] 布莱恩·奥康纳 著

王喆 赵铭 译

IDLENESS: A Philosophical Essay

by Brian O'Connor

© 2018 by Princeton University Press
Chinese Simplified translation
copyright © 2019
by United Sky (Beijing) New Media
Co., Ltd. Published by arrangement
with Princeton University Press

图书在版编目（CIP）数据

闲散的哲学 /（爱尔兰）布莱恩·奥康纳著；王喆，
赵铭译 . —北京：北京联合出版公司，2019.6
ISBN 978-7-5596-3155-8

Ⅰ. ①闲… Ⅱ. ①布… ②王… Ⅲ. ①社会哲学－文
集 Ⅳ . ① B0-53

中国版本图书馆 CIP 数据核字（2019）第 070816 号

策　　划	联合天际·王　微
责任编辑	刘　恒
特约编辑	王　微
美术编辑	冉　冉
封面设计	高　熹

出　　版	北京联合出版公司
	北京市西城区德外大街 83 号楼 9 层 100088
发　　行	北京联合天畅文化传播公司
印　　刷	三河市冀华印务有限公司
经　　销	新华书店
字　　数	120 千字
开　　本	787 毫米 × 1029 毫米 1/32 8 印张
版　　次	2019 年 6 月第 1 版　2019 年 6 月第 1 次印刷
ISBN	978-7-5596-3155-8
定　　价	58.00 元

未
读
UnRead
-
思想家

关注未读好书

未读 CLUB
会员服务平台